하루 10분, 내 마음의 주인이 되는 시간

감정 수업
영어 필사 100일의 기적

감정 수업
영어 필사 100일의 기적

지은이 퍼포먼스 코치 리아
펴낸이 임상진
펴낸곳 (주)넥서스

초판 1쇄 발행 2024년 11월 11일
초판 5쇄 발행 2025년 1월 20일

출판신고 1992년 4월 3일 제311-2002-2호
10880 경기도 파주시 지목로 5
Tel (02)330-5500 Fax (02)330-5555

ISBN 979-11-6683-950-4   13740

출판사의 허락 없이 내용의 일부를
인용하거나 발췌하는 것을 금합니다.
저자와의 협의에 따라서 인지는 붙이지 않습니다.

가격은 뒤표지에 있습니다.
잘못 만들어진 책은 구입처에서 바꾸어 드립니다.

www.nexusbook.com

퍼포먼스 코치 리아 지음
Leah Jean Kim

하루 10분, 내 마음의 주인이 되는 시간

감정 수업
영어 필사
100일의 기적

넥서스

• Preface •

저에게 영어는 성장, 기쁨, 힐링 등의 풍요를 가져다주는 도구입니다. '난 왜 이렇게 감정 기복이 심할까?', '감정에 휘둘리지 않을 수는 없을까?' 등의 고민을 할 때 수많은 영어 원서와, 강연, 오디오북, 코칭이 저에게 큰 도움이 되었습니다.

저는 스스로를 성장시키는 영어 콘텐츠를 통해 더욱 즐겁게 영어를 배울 수 있었습니다. 저처럼, 더 나은 내가 되는 과정에 영어를 도구로 사용하고 싶은 분들을 위해 이 책을 썼습니다.

감정 때문에 지치고, 소중한 하루를 낭비하고,
가까운 사람들과의 관계가 어려우신가요?

저도 그랬습니다. 저는 기질적으로 감정 기복이 심한 사람입니다. 그리고 그 기질은 어디 가지 않더라고요. 다만 바뀐 것이 있다면, 지금의 저는 감정과 평안한 관계에 있다는 것입니다. 이 책을 통해 즐거운 영어 습관과 더불어, 내면의 평안을 만들어 가시길 진심으로 바랍니다.

퍼포먼스 코치 리아 (Leah Jean Kim)

• Intro •

당신은 스스로 평안을 만들어 낼 수 있습니다.
제가 그 방법을 알려 드릴게요.

부드럽게 숨을 들이쉬고 내쉬세요.
어깨에 힘을 풀고, 턱을 가볍게 내려놓으세요.
잠시 당신이 사랑하는 모든 것을 떠올려 보세요.

파도가 부서지는 소리.
바닷가에 부는 부드러운 바람.
솜털 같은 구름이 떠 있는 맑고 푸른 하늘.
부드럽고 따뜻한 모래 속으로 발이 서서히 파고드는 느낌.
더운 날 긴 산책 후 마시는 얼음처럼 차가운 물.
세상에서 가장 소중한 사람의 웃음소리.

그 마법 같은 순간들을 음미해 보세요.
이제 당신은 마음속에 평안을 만들어 냈습니다.

• Contents •

PART 01 10 MISCONCEPTIONS ABOUT FEELINGS

DAY 001	Ignoring feelings will make them go away.	14
DAY 002	Negative feelings are bad.	16
DAY 003	I have to get rid of this feeling.	18
DAY 004	I can't stop feeling this way.	20
DAY 005	She made me upset.	22
DAY 006	A negative feeling doesn't always equal a negative situation.	24
DAY 007	You are not your emotions.	26
DAY 008	Feelings are useless and unimportant.	28
DAY 009	I need to vent to feel better.	30
DAY 010	Emotionally mature people are always happy.	32

PART 02 FEAR

Day 011	It's part of being alive.	36
Day 012	Fear is your shield.	38
Day 013	Let's explore.	40
Day 014	You're asking the wrong questions.	42
Day 015	What are the possible solutions?	44
Day 016	Rename your fear.	46
Day 017	Play with your fear.	48
Day 018	Take small steps.	50
Day 019	What can I do when things are out of control?	52
Day 020	Do you have a fear of success?	54

PART 03   ANGER

Day 021	This is why it's difficult NOT to blame others.	58
Day 022	Do you get upset over nothing?	60
Day 023	This is what anger is telling you.	62
Day 024	You might need some boundaries.	64
Day 025	Do your expectations often fall short?	66
Day 026	Your story matters.	68
Day 027	This is what anger really wants.	70
Day 028	Are you mad at yourself?	72
Day 029	Anger is a catalyst for change.	74
Day 030	There's so much more waiting for us.	76

PART 04   SADNESS

Day 031	Practice releasing.	80
Day 032	What does it mean to feel sad?	82
Day 033	Why do bad things always happen to me?	84
Day 034	Instead of suppressing sadness, try accepting it.	86
Day 035	People express sadness in different ways.	88
Day 036	Don't bottle it up.	90
Day 037	Don't get lost in sadness.	92
Day 038	Some people leave smiles, others leave tears.	94
Day 039	Sadness can be an opportunity.	96

PART 05 ANXIETY

Day 040	Anxiety is normal.	100
Day 041	It's not there to block you.	102
Day 042	Visualize your success.	104
Day 043	Give yourself the gift of safety.	106
Day 044	Lower your standards.	108
Day 045	Are you stretching yourself too thin?	110
Day 046	Take a deep breath.	112
Day 047	They're just sentences in your head.	114
Day 048	Schedule a time.	116
Day 049	Let yourself be here.	118
Day 050	Practicing gratitude can make a real difference.	120

PART 06 JEALOUSY

Day 051	It's about your own untapped potential.	124
Day 052	Comparison steals our joy.	126
Day 053	Remember, there was a time.	128
Day 054	Life isn't a zero-sum game.	130
Day 055	Your journey is uniquely yours.	132
Day 056	You are enough.	134
Day 057	We might only be seeing the highlight reel.	136
Day 058	Here's an interesting perspective.	138
Day 059	Write a letter to the part of you who is always comparing.	140

PART 07   LOVE

Day 060	Loving yourself means…	144
Day 061	I don't deserve love.	146
Day 062	If you constantly seek validation…	148
Day 063	Love is an ability.	150
Day 064	Let's look beyond the surface.	152
Day 065	Love can be difficult.	154
Day 066	Is it fear in disguise?	156
Day 067	Boundaries are an essential part of love.	158
Day 068	What would love do?	160
Day 069	If love had a voice, what would it say?	162
Day 070	List all the things you love.	164

PART 08   CONFIDENCE

Day 071	Do you want to feel more confident?	168
Day 072	Give yourself a little grace.	170
Day 073	Don't lie to yourself.	172
Day 074	Are you seeing the value in yourself?	174
Day 075	Honor your longing.	176
Day 076	Accept compliments.	178
Day 077	Let's give it a try.	180
Day 078	Now, you're knee-deep in real work.	182
Day 079	Don't try to be somebody else.	184
Day 080	Is this true to who I am?	186

PART 09 PEACE

Day 081	Peace is an inner game.	190
Day 082	This is what amplifies stress.	192
Day 083	Create ease within yourself.	194
Day 084	Why do I have to do the work?	196
Day 085	Allow life to move at its own pace.	198
Day 086	Trust the journey.	200
Day 087	It's here, in the stillness.	202
Day 088	Take time to unplug.	204
Day 089	Begin the day with something soothing.	206
Day 090	What brings you peace?	208

PART 10 HAPPINESS

Day 091	Do you want to be happier?	212
Day 092	Are you chasing happiness?	214
Day 093	Find the red.	216
Day 094	Sing yourself a song.	218
Day 095	What are your needs?	220
Day 096	The company you keep is a reflection of your energy.	222
Day 097	Find joy in giving.	224
Day 098	That part of us still exists.	226
Day 099	Fill up your happy jar.	228
Day 100	Do you have daily habits that light you up?	230

**〈감정 수업 영어 필사 100일의 기적〉을
이렇게 활용해 보세요.**

지금 내가 느끼는 것이 어떤 감정인지를 객관적으로 바라보는 것은 생각보다 어렵고 많은 훈련이 필요합니다. 하지만 이 연습을 잘 해내면 더 단단한 내면을 다질 수 있고, 외부 환경에 흔들리지 않는 마음을 만들 수 있습니다. 〈감정 수업 영어 필사 100일의 기적〉은 위로나 힐링, 동기부여 이전에 더 근본적으로 나의 내면을 다스릴 수 있는 글을 수록하였습니다. 각 감정을 테마로 하여, 나의 감정을 어떻게 바라보고 잘 만들어 가는지 그 방향을 제시합니다.

〈감정 수업 영어 필사 100일의 기적〉은 매일 꾸준히 따라 쓰는 것이 가장 좋습니다. 하지만 사람마다 자신에게 가장 효과적인 방법은 다를 수 있어요. 이 책을 가장 잘 활용할 수 있는 본인만의 방법을 찾아 보세요. 100일간 꾸준히 쓰는 것이 가장 좋지만, 그렇게 하지 못했다고 "난 의지력이 약해."라며 자신을 책망하거나 포기할 필요도 없습니다. 어떤 날은 여러 개를 몰아서 써도 되고, 어떤 날은 마음에 와닿는 문장만 써봐도 됩니다. 정해진 기준에 얽매이기보다는 본질적인 목적인 '단단한 내면 만들기'에 집중하는 것이 중요합니다. 이 도서를 본질에 맞게 편안하고 자유롭게 사용한다면, 결과는 선물처럼 따라올 거예요.

www.nexusbook.com
원어민 MP3 무료 다운로드 가능

PART 01

10 MISCONCEPTIONS ABOUT FEELINGS

Your feelings are
just one part of the many things you experience.

감정은 당신이 경험하는 수많은 것들 중 하나일 뿐이에요.

·FROM DAY 7·

• 10 MISCONCEPTIONS ABOUT FEELINGS

DAY 001

Ignoring feelings will make them go away.

Have you ever experienced this? You tried to brush off the feeling of anxiety by ignoring it. Well, did it work? I doubt it. That's because feelings don't just vanish. They hang around, waiting to be noticed.
In fact, the more you neglect them, the louder they get. Then you'll end up reaching for anything just to numb them. That's why finding healthy ways to deal with our emotions is key.

감정을 무시하면 없어질 거야.

혹시 이런 경험 해 본 적 있나요? 불안한 감정을 무시하면서 대수롭지 않게 넘기려던 적이요. 그런데, 효과가 있었나요? 아마 그렇지 않았을 거예요. 감정은 그냥 사라지지 않거든요. 늘 그 자리에 남아서 알아주길 기다리고 있죠.
오히려 감정을 무시할수록 점점 더 강하게 다가와요. 그러다 보면 결국 그 감정을 무디게 만들기 위해 무언가를 찾게 되죠. 그래서 감정을 건강하게 다루는 방법을 찾는 게 정말 중요해요.

- **brush off** 가볍게 무시하다   · **anxiety** 불안, 걱정   · **work** 효과가 있다   · **vanish** 사라지다
- **hang around** 서성거리다   · **neglect** 무시하다   · **numb** 감각이 없게 만들다

Ignoring feelings will make them go away.

• 10 MISCONCEPTIONS ABOUT FEELINGS

DAY 002

Negative feelings are bad.

Negative feelings aren't bad. It's just that staying stuck in them isn't really helpful. When you're frustrated, that feeling can actually push you to solve problems. And when you're angry, it can give you the courage to speak up.

Feelings themselves aren't harmful. When you learn to manage them, they can actually work in your favor.

부정적인 감정은 나쁜 거야.

부정적인 감정이 나쁜 건 아니에요. 그저 그 감정에 갇혀 있는 것이 도움이 되지 않을 뿐이죠. 좌절감을 느낄 때, 그 감정이 오히려 문제를 해결하는 원동력이 될 수 있어요. 그리고 화가 날 때, 그 감정이 용기를 내어 목소리를 내게 해 줄 수 있어요.

감정 자체는 해로운 것이 아니에요. 잘 다루면 오히려 유리하게 작용할 수 있어요.

• **courage** 용기　• **speak up** 큰 소리로 말하다　• **in one's favor** ~에 유리하게

Negative feelings are bad.

• 10 MISCONCEPTIONS ABOUT FEELINGS

DAY 003

I have to get rid of this feeling.

Trying to force those negative feelings away never really works. It's like quicksand—the more we struggle, the deeper we sink. Instead of trying to get rid of them, we can focus on lowering their influence. We can let them be there without letting them take over.

There are so many ways to dial down their impact—breathing, journaling, reaching out to friends, or simply naming the feeling for what it is.

이 감정을 없애야 해.

부정적인 감정을 억지로 없애려는 건 잘 안 돼요. 마치 더 발버둥 칠수록 더 깊이 빠지는 늪과 같죠. 그 감정을 없애려고 애쓰는 대신, 그 영향력을 줄이는 데 집중할 수 있어요. 그 감정이 존재하는 걸 인정하되, 우리를 지배하게 둘 필요는 없죠.

감정의 영향력을 줄일 수 있는 방법은 많아요. 깊게 숨을 쉬거나, 글을 쓰거나, 친구에게 연락하거나, 혹은 그냥 그 감정을 있는 그대로 이름을 붙이는 것처럼요.

· get rid of ~을 제거하다   · quicksand 늪   · sink 가라앉다   · focus on 집중하다
· take over 장악하다   · dial down 줄이다   · impact 영향

I have to get rid of this feeling.

• 10 MISCONCEPTIONS ABOUT FEELINGS

DAY
004

I can't stop feeling this way.

We often tell ourselves, 'I can't stop feeling this way,' but that's not entirely true.
Feelings can be a choice, though it's not always an easy one to make. Your emotional reactions are a natural part of having a healthy, functional brain. But you do have the ability to decide whether to stay in that feeling or to choose a different one.
It's like hearing a song on the radio—you didn't choose the song, but you can decide whether to keep listening or to change the station. Knowing this gives you more power over your feelings.

이 감정을 멈출 수 없어.

우리는 종종 "이 감정을 멈출 수 없어."라고 말해요. 하지만 그건 완전히 맞는 말은 아니에요. 감정은 선택일 수 있어요. 물론 항상 쉬운 선택은 아니지만요. 감정적 반응은 건강하고 정상적인 뇌의 자연스러운 부분이에요. 하지만 그 감정에 머무를지, 아니면 다른 감정을 선택할지는 우리가 결정할 수 있어요.
이건 마치 라디오에서 노래가 나오는 것과 같아요. 노래를 선택한 건 아니지만, 계속 들을지 채널을 바꿀지는 선택할 수 있는 거예요. 이 사실을 아는 것만으로도 감정에 대한 더 많은 힘을 가질 수 있게 돼요.

• **entirely** 완전히   • **functional** 실용적인 목적에 맞게 작동하고 있는   • **station** 방송국, 방송 주파수

I can't stop feeling this way.

• 10 MISCONCEPTIONS ABOUT FEELINGS

DAY 005

She made me upset.

Let's set aside the whole "who's to blame" thing for a second. The truth is, no one can make you feel a certain way. It's the sentences you form in your mind that shape how you feel.
If you think, "She's just having a rough day," you probably won't feel much anger. But if you think, "She's treating me like I don't matter," that anger is going to spike.
Here's the thing—you have the freedom to choose how you interpret what's happening around you. And that choice directly impacts how you feel. In the end, your feelings are your choice.

그 사람이 날 화나게 했어.

일단, 누가 잘못했는지는 잠시 제쳐 두기로 해요. 사실은, 누구도 당신이 특정한 감정을 느낄 수 있게 할 수 없다는 거예요. 당신이 느끼는 감정을 형성하는 건 바로 머릿속에서 떠오르는 생각들이에요.
만약 "그 사람도 그냥 힘든 하루를 보낼 뿐이야."라고 생각한다면, 아마 그렇게 화가 나지 않을 거예요. 하지만 "저 사람은 나를 무시하는 거야."라고 생각하면, 그 화가 금방 치솟게 될 거예요. 중요한 건, 당신은 주변에서 일어나는 일을 어떻게 해석할지 선택할 자유가 있다는 거예요. 그리고 그 선택이 곧 당신이 느끼는 감정에 직접적인 영향을 미쳐요. 결국, 당신의 감정은 당신의 선택이에요.

- **set aside** 제쳐 두다, 미뤄 두다 • **for a second** 잠시 • **form** 형성하다 • **rough** 힘든
- **spike** 치솟다, 급격히 오르다 • **interpret** 해석하다

She made me upset.

• 10 MISCONCEPTIONS ABOUT FEELINGS

DAY
006

A negative feeling doesn't always equal a negative situation.

One of the most common mistakes we make is judging a situation purely based on how we feel. When we don't separate our emotions from the facts, it can damage relationships and lead to poor decisions. Emotions aren't always accurate reflections of what's really going on.
So, next time those feelings hit, pause, and check the facts before jumping to conclusions.

부정적인 감정이 항상 부정적인 상황을 의미하는 것은 아니에요.

우리의 흔히 하는 실수 중 하나는 상황을 감정에만 의존해 판단하는 거예요. 감정과 사실을 구분하지 않으면 관계를 해칠 수 있고, 잘못된 결정을 내릴 수도 있어요. 감정이 항상 실제 상황을 정확하게 반영하는 것은 아니에요.
그러니 다음에 그런 감정이 밀려올 때는, 잠시 멈추고 결론을 내리기 전에 사실을 먼저 확인해 보세요.

- **purely** 순전히
- **separate A from B** A와 B를 구별하다
- **hit** 다가오다, 밀려오다
- **jump to a conclusion** 서둘러 결론을 짓다

A negative feeling doesn't always equal a negative situation.

• 10 MISCONCEPTIONS ABOUT FEELINGS

DAY
007

You are not your emotions.

Your feelings are just one part of the many things you experience. They don't define you. You're far more complex than that. There's so much more to you than the feelings that come and go.
Real growth happens when you can step back and observe your emotions without letting them take over. That's when you can build a healthier, more grounded sense of self.

당신은 당신의 감정이 아니에요.

감정은 당신이 경험하는 수많은 것들 중 하나일 뿐이에요. 감정이 당신을 정의하지 않아요. 당신은 그보다 훨씬 더 복잡한 존재예요. 오고 가는 감정보다 당신 안에는 훨씬 더 많은 것이 있어요.
진정한 성장은 감정에 휘둘리지 않고 한 걸음 물러서서 그것을 관찰할 수 있을 때 시작돼요. 그때 비로소 더 건강하고 안정된 자아를 만들 수 있어요.

- **step back** 한 걸음 물러서다, 잠시 거리를 두다
- **take over** 장악하다, 지배하다
- **grounded** 기초가 있는
- **sense of self** 자아

You are not your emotions.

• 10 MISCONCEPTIONS ABOUT FEELINGS

DAY 008

Feelings are useless and unimportant.

Actually, feelings are incredibly useful and important. They play a crucial role in the quality of our lives, the decisions we make, and the relationships we build.

Emotions serve a positive purpose in so many ways. Being able to understand and manage your emotions well isn't just helpful, it's essential for living a fulfilling life.

감정은 불필요하고 중요하지 않아.

사실, 감정은 매우 유용하고 중요해요. 감정은 우리의 삶의 질, 우리가 내리는 결정, 그리고 우리가 맺는 관계에서 중요한 역할을 해요.

감정은 여러 면에서 긍정적인 기능을 하죠. 감정을 잘 이해하고 관리하는 것은 단지 도움이 되는 것뿐만 아니라, 충만한 삶을 살아가는 데 필수적이에요.

- **crucial** 중요한 · **serve a purpose** 도움이 되다 · **essential** 필수적인, 꼭 필요한
- **fulfilling** 충만한

Feelings are useless and unimportant.

• 10 MISCONCEPTIONS ABOUT FEELINGS

DAY 009

I need to vent to feel better.

A lot of people think that venting will make them feel better. But that's not always the case. When we're venting, we can actually end up focusing more on the feeling, which can leave us even more frustrated.

If you really want to process and release your emotions, you might want to consider a different approach.

기분이 나아지려면 감정을 털어놔야 해.

많은 사람들이 감정을 털어놓으면 기분이 나아질 거라고 생각해요. 하지만 항상 그런 것은 아니에요. 감정을 털어놓다 보면 오히려 그 감정에 더 집중하게 되어, 더 큰 좌절감을 느낄 수 있어요.

감정을 제대로 처리하고 해소하고 싶다면, 다른 접근 방식을 고려해 보는 것이 좋아요.

・**vent** (감정을) 표출하다 ・**end up -ing** 결국 ~하게 되다 ・**approach** 접근법, 방식

I need to vent to feel better.

• 10 MISCONCEPTIONS ABOUT FEELINGS

DAY 010

Emotionally mature people are always happy.

Emotionally mature people aren't just happy all the time. They embrace the full range of emotions and learn how to move through them in healthy ways.

Emotional maturity is about recognizing and accepting all feelings. It's the ability to process them without being overwhelmed or suppressing them. Emotional maturity isn't about being happy all the time.

정서적으로 성숙한 사람들은 항상 행복하다.

정서적으로 성숙한 사람들이 항상 행복한 것은 아니에요. 그들은 다양한 감정을 받아들이고, 이를 건강하게 헤쳐 나가는 법을 배워요.

감정적 성숙은 모든 감정을 인식하고 받아들이는 거예요. 감정에 압도되거나 감정을 억누르지 않고, 그것을 처리할 수 있는 능력을 의미해요. 감정적 성숙은 항상 행복한 상태를 유지하는 것이 아니에요.

- **mature** 성숙한   **embrace** 받아들이다   **move through** (어려움을) 헤쳐 나가다, 극복하다
- **maturity** 성숙함   **recognize** 인식하다   **overwhelm** 압도하다   **suppress** 억압하다

Emotionally mature people are always happy.

PART 02

FEAR

Sometimes, overcoming fear begins
with one small, brave step.

때로는 두려움을 극복하는 것이
작고 용기 있는 한 걸음에서부터 시작하기도 합니다.

·FROM DAY 18·

• FEAR

DAY
011

It's part of being alive.

Fear is just part of being human. The more we fight against it, the stronger it tends to get. But when we stop battling and start having a conversation with our fear, we often discover valuable insights hidden within it.

Instead of pushing it away, what if we leaned in and asked, "What are you trying to show me?" It's amazing how much clarity we can gain when we choose to engage with our fears rather than resist them.

두려움은 살아 있는 것의 일부예요.

두려움은 인간으로서 살아가는 삶의 일부예요. 우리가 두려움과 싸우려고 할수록 그것은 오히려 더 강해지는 경향이 있어요. 하지만 그 싸움을 멈추고 두려움과 대화를 시작하면, 그 안에 숨겨진 소중한 통찰을 발견하게 됩니다.

두려움을 밀어내는 대신, 다가가서 이렇게 질문해 보면 어떨까요? "나에게 무엇을 보여 주려고 하는 거니?" 두려움을 저항하지 않고 마주하면, 우리가 얼마나 많은 깨달음을 얻을 수 있는지 정말 놀라워요.

· lean in 달려들다   · clarity 명쾌함   · engage with ~와 관계를 맺다, 대면하다

It's part of being alive.

• FEAR

DAY
012

Fear is your shield.

Let's talk about fear. Fear is your friend. I say this because it's only trying to protect you. Protect you from what, you might ask? Well, from a lot of things. We'll dive into each one in this chapter. But for now, let's just take a moment and appreciate fear for its good intentions. It can overreact a lot, but it just wants you to be safe.

두려움은 당신의 방패예요.

두려움에 대해 이야기해 봅시다. 두려움은 당신의 친구예요. 친구라고 말을 하는 것은, 두려움은 당신을 지키려고 하기 때문이에요. 무엇으로부터 당신을 보호하냐고요? 많은 것들로부터요. 이번 챕터에서 각각의 내용을 살펴보도록 하죠.
하지만 지금은 잠시 시간을 내서 두려움의 좋은 의도에 대해 고마워하는 시간을 가지면 어떨까요. 자주 과민 반응을 보이는 친구이기도 하지만, 그저 당신이 안전하기를 바라는 녀석입니다.

- **dive into** ~에 대해 탐구하다   • **for now** 우선, 현재는   • **appreciate** 고마워하다
- **intention** 의도   • **overreact** ~에 과잉 반응하다

Fear is your shield.

• FEAR

DAY
013

Let's explore.

What makes you feel afraid? What exact scenario is playing out in your mind? When your fears are left in the shadows, they can feel overwhelming, even paralyzing.
But when you bring those fears into the light, they become something you can manage. The more you shine a light on them, the less control they have over you.

함께 탐구해 봅시다.

무엇이 당신을 두렵게 하나요? 당신의 마음속에서 정확히 어떤 상황이 펼쳐지고 있나요? 두려움을 어둠 속에 그대로 방치하면, 그것은 압도적이고 심지어 마비를 일으킬 수도 있어요.
하지만 그 두려움을 밝은 곳으로 끌어내면, 그것은 당신이 다룰 수 있는 것이 됩니다. 두려움에 더 많은 빛을 비출수록, 그것이 당신을 지배하는 힘은 점점 줄어듭니다.

- play out 전개되다, 발생하다   • overwhelming 압도적인, 벅찬
- paralyzing 마비시키는, 무력하게 만드는

Let's explore.

• FEAR

DAY
014

You're asking the wrong questions.

"What if I fail?" "Why am I so weak?"
You're asking yourself these questions because you're frustrated, and it might feel like they're reflecting your reality.
But here's the thing—these questions aren't helping you. If you want to stay calm and move forward, ask different questions.
Instead of focusing on the negative, try asking questions with a neutral or positive spin. Different questions can lead to a different outcome.

잘못된 질문을 하고 있어요.

"내가 실패하면 어떡하지?", "왜 나는 이렇게 약할까?"
당신이 이런 질문을 하는 건 좌절감을 느끼기 때문이고, 이 질문들이 현실을 반영하는 것처럼 느낄 수 있어요.
하지만 중요한 건, 이런 질문들은 당신에게 도움이 되지 않는다는 거예요. 침착하게 앞으로 나아가고 싶다면, 다른 질문을 던져 보세요. 부정적인 것에 초점을 맞추기보다는, 중립적이거나 긍정적인 질문을 해 보는 거예요. 다른 질문을 하면, 다른 결과로 이어질 수 있어요.

• reflect 반영하다   • neutral 중립적인, 편견 없는   • spin 해석, 관점   • outcome 결과

You're asking the wrong questions.

• F E A R

DAY
015

What are the possible solutions?

Let's assume your worst-case scenario actually happened. How would you help yourself get back up? Think about the steps you could take, the strategies you could try. What are the possible solutions?

It's not about dwelling on the negative, but about knowing you have the strength and the tools to handle whatever comes your way. By exploring this, you're building resilience and confidence.

가능한 해결책은 무엇일까요?

최악의 상황이 실제로 일어났다고 가정해 봅시다. 그 상황에서 어떻게 자신을 다시 일으켜 세울 수 있을까요? 취할 수 있는 단계나 시도해 볼 전략들을 생각해 보세요. 가능한 해결책들은 무엇이 있을까요?

이것은 부정적인 것에만 집중하자는 게 아니라, 어떤 상황이 오더라도 당신에게는 그걸 이겨낼 힘과 도구가 있다는 것을 아는 거예요.. 이 과정을 통해 당신은 회복력과 자신감을 키우게 됩니다.

· **get back up** 다시 일어서다   · **dwell on** ~을 곰곰이 생각하다   · **resilience** 회복력

What are the possible solutions?

• FEAR

DAY
016

Rename your fear.

Renaming can actually help ease your fear. I use this little trick to tackle projects that used to make me anxious.
Let me give you an example. If you're feeling nervous about marketing, try calling it "sending out an invitation." I know, it sounds a little cheesy, but stay with me. Changing the name can really shift the energy around it. Sometimes, just a simple change in perspective can make a huge difference.

두려움에 다른 이름을 붙이세요.

이름을 다시 붙이는 것만으로도 두려움을 덜 수 있어요. 저는 저를 불안하게 했던 프로젝트를 해결할 때 이 작은 트릭을 사용합니다.
예를 들어 볼게요. 마케팅이 긴장된다면, "초대장 보내기"라고 불러 보세요. 좀 유치하게 들릴 수도 있지만, 계속 들어 보세요. 이름을 바꾸는 것만으로도 그 상황에 대한 에너지가 바뀔 수 있어요. 때로는 이런 간단한 관점의 변화가 큰 차이를 만들어 냅니다.

• **trick** 요령, 방법, 기술   • **tackle** 해결하다, 대처하다, 처리하다   • **cheesy** 유치한

Rename your fear.

• F E A R

DAY
017

Play with your fear.

Let's play with your fear. On a scale of one to ten, how intense does it feel right now? What if you cranked it up to 10? Or dialed it all the way down to 1? How would it feel?

Here's a fun challenge: how would you explain your fear to an alien who has no idea what fear is? Think of it like you're getting curious and playful with your fear, exploring it from different angles. When you approach it this way, fear will start to lose some of its grip on you.

두려움과 한번 놀아 보세요.

두려움과 한번 놀아 보겠습니다. 지금 당신의 두려움이 어느 정도 강렬한지 1에서 10까지 점수를 매겨 본다면, 몇 점인가요? 그 강도를 10까지 올려 볼 수 있을까요? 아니면 1로 완전히 낮춰 보는 건 어떨까요? 어떻게 느껴지나요?

그리고 재미있는 도전 하나! 두려움이 뭔지 전혀 모르는 외계인에게 당신의 두려움을 어떻게 설명할 수 있을까요? 이렇게 두려움에 대해 호기심을 가지고 장난스럽게 접근해 보세요. 여러 각도에서 두려움을 탐구하는 거죠. 이런 방식으로 접근하면, 두려움이 당신을 덜 지배하게 될 거예요.

- **intense** 강렬한 · **crank up** 강도를 높이다, 세게 하다 · **dial down** 강도를 낮추다, 줄이다
- **playful** 장난스러운 · **lose one's grip** 지배력을 잃다

Play with your fear.

• FEAR

DAY 018

Take small steps.

Sometimes, overcoming fear begins with one small, brave step. You don't have to be perfectly ready—nobody ever is. It's the small, steady actions that build the confidence to face fear.
So ask yourself, "What is the small step I can take today?"
Then, go ahead and take it. That micro step is what moves you forward.

작은 걸음부터 시작하세요.

때로는 두려움을 극복하는 것이 작고 용기 있는 한 걸음에서부터 시작하기도 합니다. 완벽하게 준비될 필요는 없어요. 사실 누구도 완벽하게 준비되지는 않죠. 작고 꾸준한 행동들이 두려움을 마주할 수 있는 자신감을 키워 줘요.
그러니 스스로에게 물어보세요. "오늘 내가 할 수 있는 작은 걸음은 무엇일까?"
그 다음엔 그걸 실천하세요. 그 작은 걸음이 당신을 앞으로 나아가게 해요.

• overcome 극복하다   • steady 꾸준한, 흔들림 없는   • face 직면하다, 마주하다

Take small steps.

• FEAR

DAY
019

What can I do when things are out of control?

Fear kicks in when things feel out of control. And the more you try to take control, the more chaotic it feels. Ever felt that way? If so, here's a helpful question: "What is actually in my power right now? What can I let go of?"
When you shift your focus to what you can manage, you'll feel more grounded.

상황이 내 통제 밖에 있을 때, 무엇을 할 수 있을까?

두려움은 상황이 내 통제 밖에 있다고 느껴질 때 찾아와요. 그리고 더 통제하려고 할수록, 상황은 더 혼란스럽게 느껴지죠. 이런 기분을 느껴 본 적 있나요? 그렇다면, 이 질문이 도움이 될 거예요. '지금 내 힘으로 할 수 있는 건 무엇이고, 내려놓아야 할 것은 무엇일까?' 당신이 통제할 수 있는 것에 집중하기 시작하면, 더 안정된 기분을 느끼게 될 거예요.

- **out of control** 제어할 수 없는 · **kick in** 시작되다, 갑자기 강하게 나타나다
- **chaotic** 혼란스러운 · **let go of** ~을 놓아주다 · **grounded** 안정된, 차분한

What can I do when things are out of control?

• FEAR

DAY
020

Do you have a fear of success?

Many of us fear failure, but the fear of success is just as real. Success comes with responsibility and change, which can feel pretty intimidating. If this is what you're experiencing, here's something that can help: the future you will be wiser and stronger.

You may not have all the skills you need, but the future version of you will. So keep choosing growth.

성공에 대한 두려움이 있나요?

우리 중 많은 사람들이 실패를 두려워하지만, 성공도 그만큼 두려울 수 있어요. 성공에는 책임감과 변화가 따르기 마련이고, 그게 꽤 겁이 날 수 있어요. 만약 이런 감정을 경험하고 있다면, 이 말을 기억해 보세요. 미래의 당신은 더 지혜롭고 강해질 거예요.
아직 모든 능력을 갖추지 못했을 수도 있지만, 미래의 당신은 그럴 수 있을 거예요. 그러니 계속해서 성장을 선택하세요.

• **just as real** 동일하게 중요한, 마찬가지로 실재하는 (두 가지가 똑같이 중요하거나 실제로 존재하는 것을 강조할 때 사용) • **intimidating** 겁을 주는

Do you have a fear of success?

PART 03

ANGER

Anger is more than just a feeling—
it's a message.

화는 단순한 감정 그 이상입니다.
그것은 메시지입니다.

·FROM DAY 23·

• ANGER

DAY
021

This is why it's difficult NOT to blame others.

Did you know you can get addicted to blaming? Oh yeah, it's tough to stop.
Blaming other people gives you this false sense of freedom. Freedom from accountability. Freedom from problem-solving. But in return, you sacrifice your power, your autonomy, and who you can become.

이것이 바로 남을 탓하지 않기가 어려운 이유예요.

혹시 비난하는 것에 중독될 수 있다는 걸 알고 있나요? 맞아요, 그만두기 정말 어렵죠. 다른 사람을 비난하는 것은 일종의 거짓된 자유를 줘요. 책임에서의 자유. 문제 해결에서의 자유. 하지만 그 대가로, 당신의 힘과 주체성, 그리고 당신이 될 수 있는 사람을 희생하게 됩니다.

• **blame** 비난하다   • **accountability** 책임   • **in return** ~의 대가로   • **autonomy** 자치, 주체

This is why it's difficult NOT to blame others.

• ANGER

DAY 022

Do you get upset over nothing?

Do you get upset over nothing? If so, don't beat yourself up. There's no need for that. Instead, focus on your intentions. You can feel angry, but still choose not to react. You can take a moment to pause. You can choose to act from a place of power.

사소한 일에 화가 나나요?

사소한 일에 화가 나나요? 만약 그렇다면, 스스로를 자책하지 마세요. 그럴 필요는 없어요. 대신, 당신의 의도에 집중하세요. 화가 날 수 있지만, 반응하지 않기로 선택할 수 있어요. 잠시 멈추는 시간을 가질 수 있어요. 힘을 바탕으로 행동하기로 선택할 수 있어요.

- **nothing** 사소한 일, 아무 것도 아닌 일 · **beat oneself up** 자책하다 · **react** 반응하다
- **take a moment** 잠시 시간을 갖다

Do you get upset over nothing?

•ANGER

DAY
023

This is what anger is telling you.

Anger is often a signal that something important is happening. Maybe your boundaries have been crossed. Maybe someone is acting against your values. Or maybe you're trying to protect something you care deeply about.

Anger is more than just a feeling—it's a message. It's not just about the other person; it's about what's going on inside you. Take a moment, and listen to what your anger is trying to tell you.

이것이 화가 말해 주는 것이에요.

화는 종종 중요한 일이 일어나고 있다는 신호예요. 어쩌면 당신의 경계가 침해되었을 수도 있어요. 누군가가 당신의 가치관에 반하는 행동을 하고 있을 수도 있어요. 또는 당신이 소중하게 여기는 무언가를 보호하려고 애쓰고 있을지도 몰라요.

화는 단순한 감정 그 이상입니다. 그것은 메시지입니다. 그저 상대방에 관한 것이 아니라, 당신 내면에서 일어나고 있는 일에 관한 것이죠. 잠시 멈추고, 화가 당신에게 무엇을 말하려고 하는지 들어 보세요.

· **boundary** 경계선 · **act against** ~에 반하는 행동을 하다, ~에 반대되는 행동을 하다
· **A is more than just B** A는 단순히 B 그 이상이다

This is what anger is telling you.

•ANGER

DAY
024

You might need some boundaries.

Have you set boundaries for yourself? Boundaries for your time, your energy, your emotions? Setting healthy boundaries is essential—it's how we protect our well-being.
The thing is, others might not know what your boundaries are unless you communicate them. People aren't mind readers.
So it's important to let them know, clearly and kindly, what you need.

당신에게 바운더리가 필요할지도 몰라요.

스스로를 위한 바운더리를 설정했나요? 당신의 시간, 에너지, 감정을 위한 바운더리요. 건전한 바운더리를 세우는 것은 필수적입니다. 그것이 우리가 우리의 행복을 지키는 방법이니까요.
하지만 문제는 당신이 알려 주기 전에는 다른 사람들은 당신의 바운더리가 무엇인지 알지 못할 수 있다는 거예요. 사람들은 당신의 마음을 읽을 수 없으니까요. 그렇기 때문에 당신이 무엇이 필요한지 명확하고 친절하게 알려 주는 것이 중요해요.

· **boundary** 개인의 신체적, 감정적, 정신적, 시간적 영역을 보호하기 위해 자신이 허용할 수 있는 것과 허용하지 않을 것에 대해 명확한 기준을 세우는 것   · **mind reader** 생각을 읽는 사람, 마음을 읽는 사람

You might need some boundaries.

• ANGER

DAY
025

Do your expectations often fall short?

Do your expectations often fall short? Are they realistic? You might tell yourself you're only asking for the bare minimum, but let's pause for a second and really think about it.
If you're putting your happiness in someone else's hands, it's not a great idea. They're probably not going to meet those expectations, and honestly, you wouldn't be able to meet everyone else's, either. But if you can let go of those expectations, you'll free yourself from a lot of anger and frustration.

당신의 기대가 자주 충족되지 않나요?

당신의 기대가 자주 충족되지 않나요? 현실적인 기대인가요? 스스로 "나는 최소한의 것만 바라고 있어."라고 말할지도 모르지만, 잠시 멈추고 진지하게 생각해 봅시다.
만약 당신의 행복을 다른 사람에게 맡기고 있다면, 그건 좋은 생각이 아니에요. 그들이 당신의 기대를 충족시키지 못할 가능성이 높고, 사실 당신도 다른 사람들의 기대를 모두 충족시킬 수는 없을 거예요. 하지만 그 기대를 내려놓을 수 있다면, 많은 분노와 좌절에서 벗어날 수 있을 것입니다.

• **fall short** 기대에 미치지 못하다   • **bare minimum** 최소한의 것   • **let go of** ~을 놓아주다

Do your expectations often fall short?

• ANGER

DAY
026

Your story matters.

Imagine someone says, "The wings on your back look terrible." Would that upset you? Probably not, because you know it's not true.

But if part of you believes it, their words might sting. If deep down you think, "I'm not capable," and someone asks, "Can you do that?" it hits a nerve.

You feel angry because it aligns with the story you're telling yourself. In the end, the story you tell yourself matters most.

당신의 이야기가 중요합니다.

누군가가 "당신 등에 달린 날개가 엉망이네요."라고 말한다면 기분이 나쁠까요? 아마 아닐 겁니다. 그 말이 사실이 아니라는 걸 알고 있기 때문이죠.

하지만 마음속 어딘가에서 그 말을 믿는다면, 그 말이 상처로 다가올 수 있습니다. 만약 마음 깊은 곳에 "난 능력이 부족해."라는 생각을 가지고 있다면, 누군가 "너 이거 할 수 있겠어?"라고 물을 때 신경이 거슬릴 겁니다.

그 말이 당신이 스스로에게 하고 있는 이야기와 맞아떨어지기 때문에 화가 나는 것이죠. 결국, 스스로에게 어떤 이야기를 하고 있는지가 가장 중요합니다.

- **sting** 따끔하다, 상처를 주다, 아프게 하다
- **hit a nerve** 신경을 건드리다, 감정을 자극하다
- **align with** ~와 일직선으로 맞추다

Your story matters.

•ANGER

DAY
027

This is what anger really wants.

Anger doesn't want a fight, it wants change. It's not about destruction, it's about safety. What anger truly wants is for you to be yourself, to protect what matters to you, to live out your values, to create the life you want and show up fully in it.
If you can keep this in mind, you'll be able to respond to anger with more intention, instead of just reacting to it.

이게 분노가 진정으로 원하는 것이에요.

분노가 원하는 것은 싸움이 아니라 변화예요. 분노가 바라는 것은 파괴가 아니라 안전이에요. 분노가 진정으로 원하는 것은, 당신이 당신답게 살아가고, 당신에게 중요한 것을 지키며, 당신의 가치를 실천하고, 당신이 원하는 삶을 만들고 그 안에서 온전히 사는 것이에요. 이 점을 기억한다면, 분노에 반응하기보다는 더 의도적으로 대처할 수 있을 것입니다.

· **destruction** 파괴, 손상   · **show up** 나타나다, 온전히 임하다

This is what anger really wants.

• ANGER

DAY
028

Are you mad at yourself?

Anger isn't always directed at others—sometimes, we're really just mad at ourselves. And when you're mad at yourself, it's important to show some compassion.
You're human. You're trying. What matters is progress, not perfection. Self-compassion helps you release the anger that's holding you back.

스스로에게 화가 났나요?

분노는 항상 다른 사람에게만 향하는 것이 아니에요. 종종 우리 자신에게 정말 화가 나기도 하죠. 스스로에게 화가 날 때는 자신에게 친절하게 대하는 것이 중요해요.
당신도 인간이고, 노력하고 있어요. 중요한 것은 완벽함이 아니라, 성장하는 과정이에요. 자신에게 베푸는 친절을 통해 당신을 가로막고 있는 분노를 해소할 수 있어요.

• **direct at** ~에게 향하다, ~를 겨냥하다   • **compassion** 동정, 연민   • **release** 해소하다

Are you mad at yourself?

•ANGER

DAY
029

Anger is a catalyst for change.

Anger can be a powerful force for change. Some of the biggest shifts in our lives can start from anger.
Now, getting lost in the emotion won't help, of course. The key is using that anger to fuel positive action. So ask yourself, "What is my anger trying to tell me to change?"

분노는 변화를 일으키는 계기가 됩니다.

분노는 변화를 이끄는 강력한 원동력이 될 수 있어요. 우리 삶의 변화는 분노에서 출발하기도 해요.
물론, 감정에 빠져 버린다면 도움이 되진 않을 거예요. 중요한 것은 긍정적인 행동을 자극하도록 분노를 활용하는 것입니다. 당신 스스로에게 다음과 같이 질문해 보세요. "내 분노가 나에게 무엇을 바꾸라고 말하고 있지?"

• catalyst 촉매, 기폭제   • shift 변화   • fuel (감정이나 행동을) 자극하다, 부추기다

Anger is a catalyst for change.

•ANGER

DAY 030

There's so much more waiting for us.

Forgiveness can help us let go of anger, especially when resentment is stealing our joy.
Forgiveness isn't about letting the other person off the hook; it's about setting ourselves free. It's about reminding ourselves that our anger and wounds don't define us. They're part of our story, but there's so much more waiting for us.

우리에게는 더 많은 것들이 기다리고 있어요.

용서는 우리가 분노를 놓아주는 데 큰 도움이 될 수 있어요. 특히 분노가 우리의 기쁨을 앗아가고 있을 때 더욱 그렇죠.
용서는 상대방을 그냥 봐주는 게 아니라, 우리 자신을 자유롭게 하는 과정이에요. 분노와 상처가 우리를 규정하지 않는다는 걸 스스로에게 상기시키는 거예요. 그것들은 우리 이야기의 일부일 뿐, 우리에게는 더 많은 것들이 기다리고 있어요.

• resentment 분노   • let ~ off the hook ~을 책임에서 해방하다   • define 정의하다

There's so much more waiting for us.

PART 04

SADNESS

Sadness is a crucial part of
healing our emotional wounds.

슬픔은 감정적 상처를 치유하는 데 중요한 부분이에요.

·FROM DAY 36·

• SADNESS

DAY
031

Practice releasing.

Releasing sadness is a skill we can practice. It's okay to let go of pain that feels unbearable. Carrying that sadness around with you doesn't make the situation any better.

Think of it like carrying a heavy backpack—you can put it down for a while and rest. Letting it go doesn't change what you've been through, but it gives you the strength to keep moving forward.

놓아주는 연습을 해 보세요.

슬픔을 놓아주는 것은 우리가 연습할 수 있는 기술이에요. 견디기 힘든 고통을 놓아주는 것은 괜찮아요. 그 슬픔을 계속 짊어지고 다닌다고 해서 상황이 나아지는 건 아니에요.
마치 무거운 배낭을 메고 있는 것처럼 생각해 보세요. 잠시 내려놓고 쉴 수 있어요. 놓아준다고 해서 당신이 겪은 일이 변하는 건 아니지만, 앞으로 나아갈 힘을 얻게 됩니다.

· **unbearable** 참을 수 없는, 견딜 수 없는

Practice releasing.

• SADNESS

DAY
032

What does it mean to feel sad?

Have you ever thought about it this way? If we didn't care, we wouldn't get hurt. If we didn't dream, we wouldn't feel disappointed. And if we didn't love, we wouldn't experience sadness.

So, what does it really mean to feel sad? Maybe it means we're truly living and loving with our whole hearts.

슬픔을 느낀다는 것은 무엇을 의미할까요?

이런 식으로 생각해 본 적 있나요? 우리가 신경 쓰지 않는다면 상처받을 일도 없을 거예요. 꿈꾸지 않는다면 실망할 일도 없을 거예요. 그리고 사랑하지 않는다면 슬픔을 느낄 일도 없을 거예요.

그렇다면, 슬픔을 느낀다는 건 정말로 무엇을 의미할까요? 아마도 그것은 우리가 온 마음을 다해 진정으로 살아가고 사랑하고 있다는 뜻일지도 몰라요.

• **truly** 진정으로, 정말로   • **with one's whole heart** 온 마음을 다해, 진심으로

What does it mean to feel sad?

• SADNESS

DAY
033

Why do bad things always happen to me?

"Why do bad things always happen to me?" Self-pity is a tough emotion, and we all feel it sometimes. But if you let it take over, it steals your strength to find solutions. What you need is compassion toward yourself. This isn't about wallowing in sadness; it's about actively helping yourself in meaningful ways.

왜 나쁜 일은 항상 나에게만 일어나는 거야?

"왜 나쁜 일은 항상 나에게만 일어나는 거야?" 자기 연민은 힘든 감정이에요. 우리 모두 가끔씩 느끼죠. 하지만 그 감정에 휩싸이면, 해결책을 찾을 힘을 빼앗겨요. 당신에게 필요한 것은 자신에 대한 사랑이에요. 이건 슬픔에 빠지는 것이 아니라, 의미 있는 방식으로 스스로를 적극적으로 돕는 거예요.

• **self-pity** 자기 연민   • **take over** 장악하다, 지배하다   • **wallow in** (감정 및 상태에) 빠지다

Why do bad things always happen to me?

• SADNESS

DAY
034

Instead of suppressing sadness, try accepting it.

Instead of burying your sadness, try accepting it. When we acknowledge our sadness, it helps us process the feeling in a healthy way. By allowing it to be there, we grow emotionally and begin to heal.

Rather than pushing it away, ask yourself, 'Where am I feeling this sadness in my body?' 'Can I allow it to be there and still move forward with it?'

슬픔을 억누르는 대신, 받아들여 보세요.

슬픔을 묻어 두는 대신, 받아들여 보세요. 슬픔을 인정할 때, 우리는 그 감정을 건강하게 처리할 수 있어요. 슬픔을 허용함으로써 우리는 감정적으로 성장하고 치유의 과정을 시작하게 돼요.

슬픔을 밀어내기보다는 이렇게 스스로에게 물어보세요. '이 슬픔이 내 몸 어디에서 느껴지고 있지?', '그 슬픔이 그곳에 머물도록 허용하면서도 계속 앞으로 나아갈 수 있을까?'

· **suppress** 억누르다   · **acknowledge** 인정하다   · **process** (감정이나 상황을) 처리하다
· **push away** 밀어내다, 떨쳐내다, 거부하다

Instead of suppressing sadness, try accepting it.

• SADNESS

DAY
035

People express sadness in different ways.

People express sadness in different ways. Some grieve quietly, while others show it more intensely. Some process it faster, while others move through it at their own pace.
It's not our place to judge how others grieve. What really matters is that we each find a way to work through it in our own time and in our own way.

사람마다 슬픔을 표현하는 방식은 달라요.

사람마다 슬픔을 표현하는 방식은 달라요. 어떤 사람은 조용히 슬퍼하고, 또 다른 사람은 더 강하게 드러낼 수 있어요. 누군가는 빠르게 슬픔을 받아들이고, 누군가는 자기 속도에 맞춰 천천히 소화해 나가기도 하죠.
다른 사람이 어떻게 슬퍼하는지 판단하는 것은 우리의 일이 아니에요. 정말 중요한 것은 각자가 자신만의 방식으로, 자신만의 시간에 슬픔을 이겨내는 방법을 찾는 것이라는 점이에요.

- grieve 슬퍼하다 · at one's own pace 각자의 속도에 맞게
- It's not someone's place to ~가 할 일이 아니다, ~가 간섭할 일이 아니다

People express sadness in different ways.

• SADNESS

DAY
036

Don't bottle it up.

Sadness is a crucial part of healing our emotional wounds. When we stop bottling it up and allow ourselves to feel it, we give ourselves the chance to release it. The pain is no longer hidden in the shadows, and that clarity brings healing and growth.
Ask yourself, 'What message of healing does my sadness have for me?'

감정을 억누르지 마세요.

슬픔은 감정적 상처를 치유하는 데 중요한 부분이에요. 감정을 억누르는 것을 멈추고, 온전히 느낄 수 있게 허락할 때 우리는 그것을 해소할 기회를 스스로에게 줄 수 있어요. 그 고통은 더 이상 어둠 속에 숨겨지지 않고, 그로 인해 얻은 명확함이 치유와 성장을 가져와요.
스스로에게 물어보세요. "이 슬픔이 나에게 전해 주는 치유의 메시지는 무엇일까?"

• **bottle up** (감정을) 억누르다   • **wound** 상처 (주로 감정적 또는 육체적 상처를 의미)

Don't bottle it up.

• SADNESS

DAY 037

Don't get lost in sadness.

It's important to accept your sadness instead of pushing it down. But it's just as crucial not to let it consume you.

Don't let yourself get lost in sadness. You can carry your sadness with you, but you also need to learn how to care for yourself so it doesn't take over.

Letting yourself drown in sadness isn't self-compassion. Ask yourself, 'How can I stay centered while feeling this sadness?'

슬픔 속에서 헤매지 마세요.

슬픔을 억누르지 않고 받아들이는 것이 중요해요. 하지만 슬픔이 당신을 지배하게 두지 않는 것도 그만큼 중요합니다.

슬픔 속에 자신을 잃지 않도록 해야 해요. 슬픔을 안고 갈 수는 있지만, 그 슬픔이 당신을 지배하지 않도록 스스로를 돌보는 법을 배워야 해요.

슬픔 속에 빠져 허우적대는 것은 자신에게 친절한 것이 아니에요. "이 슬픔을 느끼면서도 어떻게 내 중심을 잡을 수 있을까?"라는 질문을 던져 보세요.

· push ~ down 억누르다   · consume 삼키다, 지배하다   · drown 물에 빠지다, 허우적대다

Don't get lost in sadness.

• SADNESS

DAY
038

Some people leave smiles, others leave tears.

Some people leave smiles, others leave tears, but every time, we get to choose how to respond.
There's a saying we can all learn from: people come into our lives for a reason, a season, or a lifetime. When we can't accept this, we become stuck in our own sadness. But when we embrace it, we can let go. We can move forward, freeing ourselves to live the life that's meant for us.

어떤 사람은 미소를 남기고, 어떤 사람은 눈물을 남겨요.

어떤 사람은 미소를 남기고, 또 어떤 사람은 눈물을 남기지만, 결국 우리는 매번 어떻게 반응할지 선택할 수 있어요.
"사람들은 우리 삶에 이유가 있어, 한 시기를 함께 하기 위해, 혹은 평생 함께 하기 위해 찾아온다."는 우리가 모두 배울 수 있는 말이 있죠. 이것을 받아들이지 못하면, 우리는 슬픔 속에 갇히게 됩니다. 하지만 받아들일 때, 그 슬픔을 놓아줄 수 있습니다. 앞으로 나아가며 우리에게 주어진 삶을 자유롭게 살아갈 수 있어요.

• **get to** ~할 수 있다   • **saying** 격언   • **stuck in** ~에 갇힌   • **meant** (특정 목적을 위해) 의도된, 운명 지어진

Some people leave smiles, others leave tears.

• SADNESS

DAY 039

Sadness can be an opportunity.

Rather than resisting sadness, here's what you can do. Sadness can be an opportunity to pause and reflect. In those moments, we get closer to understanding our values and our desires.
If we ask, 'What is my sadness trying to tell me?' that question can lead to a deeper understanding of ourselves.

슬픔은 기회가 될 수 있어요.

슬픔에 저항하는 대신, 이렇게 해 보세요. 슬픔은 잠시 멈추고 자신을 돌아볼 기회를 줄 수 있어요. 그 순간, 우리는 우리의 가치와 바람을 더 깊이 이해하게 돼요.
'내 슬픔이 나에게 무엇을 말하려고 하는 걸까?'라는 질문을 던진다면, 그 질문이 우리 자신에 대한 더 깊은 통찰로 이어질 수 있어요.

· **resist** 저항하다, 거부하다   · **lead to** ~로 이어지다

Sadness can be an opportunity.

PART 05

ANXIETY

There's nothing wrong with feeling anxious.
If you're experiencing it, you're not alone—you're just like me.

불안감을 느끼는 것에 대해 잘못된 점은 없어요.
당신이 불안을 겪고 있다면, 혼자가 아니에요. 저도 같은 경험을 하고 있어요.

·FROM DAY 40·

• ANXIETY

DAY
040

Anxiety is normal.

There's nothing wrong with feeling anxious. If you're experiencing it, you're not alone—you're just like me.
We all face it. Every challenge can be scary, and every bit of growth can feel uncomfortable. So don't think it's weird or something to be ashamed of. Instead, normalize it. Learn different ways to better manage it.

불안은 정상이에요.

불안감을 느끼는 것에 대해 잘못된 점은 없어요. 당신이 불안을 겪고 있다면, 혼자가 아니에요. 저도 같은 경험을 하고 있어요.
우리는 모두 불안을 마주해요. 모든 도전은 두려울 수 있고, 모든 성장은 불편할 수 있어요. 그러니 이상하게 생각하거나 부끄러워할 필요는 없어요. 대신, 불안을 자연스럽게 받아들이세요. 불안을 더 잘 관리할 수 있는 다양한 방법을 배워 보세요.

• **anxiety** 불안, 불안감 • **face** 직면하다, 맞서다 • **normalize** 정상화하다, 자연스럽게 받아들이다

Anxiety is normal.

• ANXIETY

DAY
041

It's not there to block you.

"Why did I do that?"
"What if I regret it later?"
Regret is tied to our past and it carries a message. It's not there to block you. It's there to protect and help you. When we understand this, we can use regret to grow instead of getting stuck.

당신을 가로막기 위해 있는 것이 아니에요.

"왜 그때 그렇게 했지?"
"나중에 후회하면 어쩌지?"
후회는 우리의 과거와 연결된 감정으로, 우리에게 메시지를 전달해요. 후회는 당신을 가로막기 위해 존재하는 것이 아니에요. 당신을 보호하고 도와주기 위한 것이에요. 이것을 이해하면, 갇히는 대신에 후회를 통해서 성장할 수 있습니다.

• **tied to** ~와 연결된, 묶인   • **block** 막다, 차단하다

It's not there to block you.

• ANXIETY

DAY
042

Visualize your success.

If you've been preparing for months and still feel unsure, I want you to try something different. Take a moment to close your eyes, take a deep breath, and really visualize your success. Picture yourself in that moment, calm and confident, doing exactly what you've been preparing for. See it unfolding in the best possible way.

성공을 상상해 보세요.

몇 달 동안 준비해 왔는데도 여전히 불안하다면, 한번 다른 방법을 시도해 보세요. 잠시 눈을 감고, 깊이 숨을 들이마신 후, 성공하는 모습을 생생하게 상상해 보세요. 그 순간에 침착하고 자신감 있게, 그동안 준비해 온 대로 모든 것을 잘 해내는 자신을 그려 보세요. 최상의 시나리오가 펼쳐지는 모습을 마음속에 그려 보세요.

• **visualize** 시각화하다   • **unsure** 확신이 없는, 불안한   • **unfold** 전개되다, 펼쳐지다

Visualize your success.

• ANXIETY

DAY
043

Give yourself the gift of safety.

Have you ever thought about giving yourself the gift of safety?
I mean, really feeling safe in your own skin.
When we don't feel safe, we can't show up as our true selves. But when we feel safe, we can really be who we are.
What can you say to yourself that makes you feel safe? What's something small you can do that brings you comfort? Take a moment to nurture that sense of safety within. You deserve it.

자신에게 안전함을 선물해 주세요.

혹시 자신에게 안전함을 선물한다고 생각해 본 적 있나요? 진정으로 자신 그대로 편안하게 느끼는 것을 말이에요.
우리가 안전하지 않다고 느낄 때는, 진짜 나 자신으로 나타날 수가 없어요. 하지만 안전하다고 느낄 때, 우리는 진정한 나로 존재할 수 있죠.
스스로에게 어떤 말을 하면 안전함을 느낄 수 있을까요? 작은 것이라도 당신에게 위안을 주는 행동은 무엇인가요? 잠시 시간을 내서 내면의 안전함을 보살펴 보세요. 당신은 그럴 자격이 있어요.

- **in one's own skin** 자신에게 편안한 상태로 (자신 그대로) · **nurture** 보살피다

Give yourself the gift of safety.

• ANXIETY

DAY
044

Lower your standards.

Some of us set such high expectations for ourselves that we end up feeling anxious and overwhelmed.
If you believe only excellence has value, and that anything less isn't worth putting out into the world, you might miss out on opportunities to grow your skills.
If this is you, lower your standards. Give yourself opportunities to improve. Progress happens in the messy, imperfect moments of trying.

기준을 낮추세요.

몇몇 사람들은 자신에게 너무 높은 기대치를 세워 결국 불안과 압박감에 시달리게 됩니다. 오직 완벽함만이 가치 있다고 믿고, 그보다 부족한 것은 세상에 내놓을 가치가 없다고 생각한다면, 자신의 실력을 키울 수 있는 기회를 놓칠 수도 있습니다.
만약 당신이 그렇다면, 기준을 낮추세요. 스스로 성장할 수 있는 기회를 주세요. 성장은 시도하는 그 불완전하고 어수선한 순간 속에서 이루어집니다.

- **set expectations** 기대치를 설정하다, 기대를 하다 · **end up** 결국 ~하게 되다, 결국 ~로 이어지다
- **overwhelmed** 압도당한 · **miss out on** ~을 놓치다 · **messy** 지저분한, 어수선한

Lower your standards.

• ANXIETY

DAY 045

Are you stretching yourself too thin?

Are you feeling overwhelmed by everything on your plate? When we stretch ourselves too thin, anxiety can sneak up.
Sure, we're strong and capable, but that doesn't mean we need to carry it all alone. Maybe you need to delegate some tasks or break things down into manageable steps so you can focus on one thing at a time. Think of ways to support yourself.

너무 많은 일을 하려고 하고 있지 않나요?

할 일이 너무 많아 벅차게 느껴지나요? 너무 많은 일을 한꺼번에 하려다 보면 불안이 슬며시 찾아올 수 있어요.
물론, 우리는 강하고 할 수 있는 능력이 있지만, 그렇다고 모든 것을 혼자 짊어질 필요는 없어요. 때로는 일을 다른 사람에게 맡기거나 작은 단계로 나누어 하나씩 집중하는 것이 필요할 수 있어요. 스스로를 돌볼 수 있는 방법을 찾아보세요.

- **stretch oneself too thin** 너무 많은 일을 하려고 하다, 여러 가지 일을 한꺼번에 하려다 지치다
- **on one's plate** 해야 할 일이 있는   • **sneak up** 몰래 다가가다   • **delegate** 남에게 위임하다
- **break down into** ~로 나누다   • **manageable** 관리할 수 있는

Are you stretching yourself too thin?

• ANXIETY

DAY
046

Take a deep breath.

When anxiety kicks in, both your body and mind go into overdrive. One of the simplest ways to calm down is by breathing. Deep breathing activates the vagus nerve, which helps relax your nervous system and brings your focus back to the present. All you have to do is stop, take a deep breath, and exhale for twice as long.

깊은 숨을 쉬세요.

불안이 몰려오면, 몸과 마음이 과부하 상태에 빠지게 됩니다. 이때 가장 간단하게 마음을 진정시키는 방법 중 하나는 호흡이에요.
깊은 숨을 쉬면 미주 신경이 활성화되어 신경계를 진정시키고 다시 현재에 집중할 수 있게 도와줘요. 그저 멈추고, 깊게 숨을 들이마신 후, 내쉴 때는 두 배로 길게 내뱉기만 하면 됩니다.

• **kick in** 시작되다, 갑자기 강하게 나타나다 • **go into overdrive** 과열하다 • **calm down** 진정하다 • **vagus nerve** 미주 신경 • **nervous system** 신경계 • **exhale** 내쉬다

Take a deep breath.

• ANXIETY

DAY
047

They're just sentences in your head.

When your thoughts start spiraling out of control, remember this.
You are not your thoughts. They're just sentences in your head.
They are not the absolute truth.
Ask yourself, 'Is this thought absolutely true?'
Practice separating yourself from your thoughts. You don't have to believe everything your mind tells you.

그저 머릿속에서 떠오르는 문장일 뿐이에요.

생각이 걷잡을 수 없이 빠르게 흘러갈 때, 이것을 기억하세요. 당신은 당신의 생각이 아니에요. 생각은 그저 머릿속에서 떠오르는 문장일 뿐이에요. 그것이 절대적인 진리는 아니에요. 스스로에게 물어보세요. '이 생각이 정말 사실일까?'
생각과 나 자신을 분리하는 연습을 해 보세요. 머릿속에서 떠오르는 모든 것을 믿을 필요는 없어요.

- **spiral** (감정이나 상황이) 걷잡을 수 없이 악화되다, 빠르게 악화되다 · **out of control** 제어할 수 없는
- **separate A from B** A를 B로부터 분리하다, A와 B를 구분하다

They're just sentences in your head.

• ANXIETY

DAY
048

Schedule a time.

Ever spent the entire day anxious about what might go wrong? Maybe it kept you up at night or made it hard to focus at work. If this sounds familiar, try this: schedule a specific time just for worrying.

For example, pick an hour—say from 1 to 2 in the afternoon—where you allow yourself to focus on all your worries. After that, move on with your day. If any worries pop up, push them to that specific time window. Give it a try.

시간을 정해 보세요.

하루 종일 무슨 일이 잘못될까 봐 불안한 적이 있나요? 그 걱정 때문에 밤잠을 설치거나 일에 집중하기 어려웠던 적도 있을 거예요. 그렇다면, 이 방법을 한번 시도해 보세요. 걱정할 시간을 따로 정해 두는 거예요.

예를 들어, 오후 1시부터 2시까지 한 시간 동안 모든 걱정을 집중해서 떠올리는 시간을 가지는 거죠. 그 이후에는 당신의 하루를 살아가세요. 걱정이 불쑥 떠오를 때마다, 그 시간을 떠올리며 미뤄 두는 거예요. 한번 시도해 보세요.

• **keep someone up at night** 잠을 못 이루게 하다, 밤새 잠을 설치게 하다 • **pop up** 갑자기 떠오르다, 불쑥 나타나다 • **time window** 제한된 시간 범위

Schedule a time.

• ANXIETY

DAY
049

Let yourself be here.

If you think about it, we're often anywhere but here. Mindfulness is about bringing your attention back to the present. It's about taking a deep breath, tuning in to the sounds around you, the sensations in your body, and the rhythm of your breath. When you engage your senses, you step away from the anxious mind and reconnect with what's real in this moment.

여기, 이 순간에 머물러 보세요.

잘 생각해 보면, 우리는 종종 여기 있지 않고 다른 곳에 머물러 있죠. 마음 챙김이란 주의를 다시 현재로 돌리는 것을 의미해요. 깊게 숨을 들이쉬고, 주변의 소리와 몸에서 느껴지는 감각, 호흡의 리듬에 귀를 기울이는 것이죠. 감각에 몰입할 때, 불안한 마음에서 한 걸음 물러나 지금 이 순간에 존재하는 현실과 다시 연결돼요.

· **mindfulness** 명상, 마음 챙김   · **tune in** 귀를 기울이다   · **step away from** ~에서 벗어나다, ~에서 한 발 물러서다

Let yourself be here.

• ANXIETY

DAY 050

Practicing gratitude can make a real difference.

Practicing gratitude can make a real difference when anxiety creeps in. We often get so caught up in what's missing that we forget what we already have.
Take a moment to think about what you're grateful for—no matter how small or ordinary. Focusing on what you appreciate can quiet those racing thoughts and restore peace.

감사함을 연습하는 것은 큰 변화를 가져올 수 있어요.

감사함을 연습하는 것은 불안이 찾아올 때 실제로 큰 변화를 가져올 수 있어요. 우리는 종종 부족한 것들에 사로잡혀, 이미 가지고 있는 것들을 잊어버리곤 하죠.
잠시 시간을 내서, 아무리 작고 평범한 것이라도 감사할 수 있는 것들을 생각해 보세요. 감사에 집중하면 끝없이 몰아치는 생각들이 차분해지고, 마음의 평화를 되찾을 수 있어요.

• creep in 살그머니 다가가다　• get caught up ~에 열중하다　• quiet 진정시키다　• racing thought 빠르게 몰아치는 생각, 끝없이 떠오르는 생각

Practicing gratitude can make a real difference.

PART 06

JEALOUSY

Before you envy what someone else has,
celebrate what's already yours.

누군가가 가진 것을 부러워하기 전에,
이미 내가 가진 것들을 축하하세요.

·FROM DAY 53·

• JEALOUSY

DAY
051

It's about your own untapped potential.

Next time you feel jealous, remember this.
It's not about what the other person has. It's about your own untapped potential, the dreams you haven't yet lived out.
What you truly want isn't what they have; it's living out your own dreams. Let jealousy remind you of your own dreams. It's a signal, saying, "You can do this too."

당신의 잠재된 가능성에 관한 것이에요.

다음에 질투가 날 때, 이걸 기억하세요.
그건 다른 사람이 가진 것에 대한 것이 아니에요. 당신의 잠재력, 아직 실현되지 않은 당신의 꿈에 대한 것이에요.
당신이 진정으로 원하는 건 그들이 가진 게 아니라, 당신의 꿈을 살아가는 것입니다. 질투는 당신의 꿈을 상기시키는 신호예요. 그 신호는 이렇게 말하고 있어요. "너도 할 수 있어."

- **untapped** 잠재된   - **live out** (꿈이나 가치를) 실현하다, 삶 속에서 살아내다

It's about your own untapped potential.

• JEALOUSY

DAY
052

Comparison steals our joy.

No matter how great someone is at something, there will always be someone else who's better. It's a never-ending cycle.
When we get caught up in comparing ourselves to others, we lose sight of what truly matters. Do you know what that is? Honoring our own path and progress, which deserve to be celebrated and acknowledged.

비교는 우리의 기쁨을 빼앗아 가요.

아무리 누군가가 어떤 일을 잘해도, 그 사람보다 더 잘하는 사람이 항상 있을 겁니다. 이것은 끝없는 반복이죠.
우리가 다른 사람과 자신을 비교하기 시작하면, 정말 중요한 것이 무엇인지 놓치게 됩니다. 그게 뭔지 아시나요? 바로 우리 자신의 길과 성장을 존중하는 것입니다. 이는 충분히 축하받고 인정받아야 할 것들입니다.

- **comparison** 비교　・**get caught up** ~에 말려들다　・**lose sight of** 놓치다, 간과하다
- **honor** 존중하다, 소중히 여기다　・**acknowledge** 인정하다

Comparison steals our joy.

• JEALOUSY

DAY
053

Remember, there was a time.

Before you envy what someone else has, celebrate what's already yours. Instead of focusing on what's missing, appreciate what's right in front of you.
Remember, there was a time when you were hoping for exactly what you have today. So before you get lost in wanting more, take a moment to give yourself a little credit for how far you've come.

그때를 기억하세요.

누군가가 가진 것을 부러워하기 전에, 이미 내가 가진 것들을 축하하세요. 부족한 것에 집중하기보다는, 바로 앞에 있는 것들을 감사하게 여기세요.
과거에 내가 오늘 가진 것들을 간절히 바라던 때가 있었다는 것을 기억하세요. 더 많은 것을 원하며 길을 잃기 전에, 지금까지 내가 얼마나 멀리 왔는지 스스로를 조금은 칭찬해 주세요.

· **give credit for** 공로를 인정하다

Remember, there was a time.

• JEALOUSY

DAY
054

Life isn't a zero-sum game.

If you're worried someone might be jealous of you, just remember: your success doesn't mean someone else's failure. Life isn't a zero-sum game.
Some people will feel jealous, and others will cheer you on. Let them. Their reactions aren't yours to control. What you can control is how you show up and stay true to your path.

삶은 제로섬 게임이 아니에요.

누군가가 나를 질투할까 걱정된다면, 이렇게 기억하세요. 내 성공이 다른 사람의 실패를 의미하지는 않습니다. 삶은 제로섬 게임이 아니니까요.
누군가는 질투할 것이고, 누군가는 응원할 것입니다. 그들이 그렇게 하도록 두세요. 그들의 반응은 당신이 통제할 수 있는 것이 아닙니다. 당신이 통제할 수 있는 것은 당신이 어떻게 행동하고, 당신의 길을 따라 얼마나 진실되게 나아가느냐입니다.

· **zero-sum game** 상대의 손해가 나의 이익이 되는 게임, 또는 승자가 있으면 패자가 있는 게임
· **cheer ~ on** ~를 응원하다   · **stay true to one's path** 자신의 길을 진실되게 걷다

Life isn't a zero-sum game.

• JEALOUSY

DAY
055

Your journey is uniquely yours.

What you truly want isn't to watch others live out their dreams; it's to move closer to your own. It's not about seeing others fail, but about embracing your own failures as stepping stones forward.

Your journey is uniquely yours, and it won't look like anyone else's. Instead of being distracted by others, focus your energy on your own growth.

당신의 여정은 당신만의 것이에요.

당신이 진정으로 원하는 것은 다른 사람들이 꿈을 이루는 것을 지켜보는 것이 아니라, 당신의 꿈에 더 가까워지는 것입니다. 남의 실패를 보는 것이 아니라, 당신 자신의 실패를 앞으로 나아가는 디딤돌로 받아들이는 것이죠.

당신의 여정은 당신만의 것이며, 다른 사람과 같을 수 없습니다. 다른 사람에게 흔들리지 말고, 당신의 성장에 에너지를 집중하세요.

- **uniquely** 온전히   · **embrace** 받아들이다, 포용하다   · **stepping stone** 디딤돌, 발판
- **distract** 주의를 빼앗다

Your journey is uniquely yours.

- JEALOUSY

DAY
056

You are enough.

Jealousy can sometimes make us feel like we're falling short. But let me remind you—you are enough.
You pursue things in life not because you're deficient, but because you have a desire to grow. You strive for self-improvement not because something is wrong with you, but because you value progress. Want from a place of power, not from scarcity.

당신은 충분합니다.

질투는 때때로 우리가 부족하다고 느끼게 합니다. 하지만 잊지 마세요. 당신은 이미 충분한 사람이에요.
당신이 인생에서 무언가를 추구하는 이유는 결핍 때문이 아니라, 성장하고자 하는 열망이 있기 때문이에요. 자기 발전을 위해 노력하는 것도 당신에게 문제가 있어서가 아니라, 성장을 소중하게 여기기 때문이에요. 결핍이 아니라, 내면의 힘에서 나오는 열망을 가지세요.

- **fall short** 기대에 미치지 못하다, 부족하다   · **pursue** 추구하다   · **deficient** 모자라는, 불충분한
- **strive for** ~을 위해 노력하다   · **scarcity** 결핍

You are enough.

• JEALOUSY

DAY
057

We might only be seeing the highlight reel.

When others seem to have it all, we might only be seeing the highlight reel. We don't know the full picture—the sleepless nights, the setbacks, the fights they've had to push through. Behind every success story is a journey of perseverance, discipline, and sacrifice. The truth is, no one achieves greatness without struggle. Instead of being fixated on what others achieve, ask yourself: What battles am I willing to fight for my dreams?

우리는 좋은 면만 보고 있을지도 몰라요.

다른 사람들이 모든 것을 가진 것처럼 보일 때, 우리는 그들의 겉으로 드러난 좋은 면만 보고 있는지도 몰라요. 그들의 전부를 알 수는 없죠. 그들이 겪은 불면의 밤, 좌절, 견뎌내야 했던 싸움은 잘 보이지 않으니까요.
모든 성공 뒤에는 인내, 규율, 그리고 희생의 여정이 숨어 있습니다. 사실, 고난 없이 위대한 성취를 이루는 사람은 없어요. 남들이 이룬 것에 집착하기보다는 스스로에게 물어보세요. "내 꿈을 위해 나는 어떤 싸움을 기꺼이 감당할 수 있을까?"

- **highlight reel** 가장 좋은 부분 · **setback** 좌절 · **perseverance** 인내, 끈기
- **discipline** 규율 · **be fixated on** ~에 집착하다, ~에 사로잡히다 · **be willing to** 기꺼이 ~하다

We might only be seeing the highlight reel.

• JEALOUSY

DAY
058

Here's an interesting perspective.

Jealousy comes with many gifts.
First, it reveals desire. Wanting something is a beautiful thing—imagine how dull life would be without anything to long for.
Second, it fuels action. Instead of running away, we can start moving toward what we want.
Third, it brings care and attention. Jealousy reminds us to tend to our own garden, the parts of ourselves we've neglected.

이런 흥미로운 관점이 있어요.

질투는 많은 선물을 가지고 와요.
첫 번째로, 갈망을 보여 줘요. 무언가를 원한다는 것은 아름다운 일이에요. 만약 우리가 아무런 열망도 없다면, 인생이 얼마나 무미건조할지 상상해 보세요.
두 번째로, 질투는 우리를 행동하게 만들어요. 도망치는 대신 우리가 원하는 것을 향해 다가갈 수 있어요.
세 번째로, 돌봄과 관심을 가져다줘요. 질투는 우리가 소홀히 했던 우리의 일부분을 더 잘 돌보게끔 일깨워 줍니다.

- **perspective** 관점 · **come with** ~이 딸려 있다 · **reveal** 드러내다 · **dull** 지루한, 따분한
- **long for** 열망하다 · **fuel** (감정이나 행동을) 촉진하다 · **tend** 돌보다 · **neglect** 무시하다

Here's an interesting perspective.

• JEALOUSY

DAY 059

Write a letter to the part of you who is always comparing.

I see you. I know you're always looking at what others have achieved. Sometimes, it's pushing me to be more competitive, to work harder. But don't let it turn into a green-eyed monster that makes us feel like we're never enough. And remember, other people's wins inspire us and open more possibilities for us, too.

당신의 일부인 '항상 비교하는 나'에게 편지를 써 보세요.

네 마음을 이해해. 네가 늘 다른 사람들이 이룩한 것을 바라보고 있다는 걸 알아. 때로는 그 덕분에 나도 더 열심히 하고, 경쟁심을 가지게 되기도 해. 하지만 우리가 결코 충분하지 않다고 느끼게 만드는 질투라는 괴물이 되게 하지 마. 기억해, 다른 사람들의 성공은 우리에게 영감을 주고, 더 많은 가능성을 열어 줄 뿐이야.

- **I see you.** 너를 이해해, 네가 느끼는 것을 알아
- **green-eyed monster** 질투심, 질투라는 괴물 (질투를 비유적으로 표현한 말)

Write a letter to the part of you who is always comparing.

PART 07

LOVE

The truth is,
expressing love is an ability.

사실은 사랑을 표현하는 것은 능력입니다.

·FROM DAY 63·

• LOVE

DAY
060

Loving yourself means...

You've probably heard it before: "Love yourself first." But have you ever stopped to wonder what that even means?
Loving yourself is being your own best friend. A best friend who's kind and supportive. A best friend who genuinely wants the best for you. That's what loving yourself looks like.

자신을 사랑한다는 것은.

이런 말을 들어 본 적이 있을 거예요. "먼저 자신을 사랑하라." 그런데 이 말의 의미를 생각해 본 적이 있나요?
자신을 사랑한다는 것은 스스로의 가장 좋은 친구가 되는 것이에요. 친절하고 지지해 주는 친구. 진심으로 당신에게 가장 좋은 것을 바라는 친구. 그것이 바로 자신을 사랑하는 모습이에요.

• supportive 지지하는   • genuinely 진심으로

Loving yourself means…

• LOVE

DAY
061

I don't deserve love.

Maybe there's a little voice inside you saying, "I can't love myself. I don't deserve love." That voice might be wounded. Maybe you've never experienced unconditional love. Maybe you know criticism better than love.
So maybe it's not about deserving. Maybe it's about learning to give yourself the love you need.

난 사랑받을 자격이 없어.

당신 내면에 "난 내 자신을 사랑할 수 없어. 난 사랑받을 자격이 없어."라고 말하는 목소리가 있을지도 몰라요. 그 목소리는 상처받았을지도 몰라요. 아마도 당신은 무조건적인 사랑을 경험해 본 적이 없을 거예요. 아마도 당신은 사랑보다는 비판에 더 익숙할지도 몰라요. 그래서 어쩌면 자격에 대한 문제가 아닐지도 몰라요. 어쩌면 자신에게 필요한 사랑을 주는 법을 배우는 것이 더 중요할지도 몰라요.

・deserve 자격이 있다, 받을 만하다   ・wounded 상처받은   ・unconditional 무조건적인

I don't deserve love.

• LOVE

DAY
062

If you constantly seek validation...

Do you find yourself constantly needing validation? If so, it might be because deep down, the messages you're giving yourself are the opposite of what you need. Maybe you are repeatedly saying to yourself that you are not enough.

We all need love and approval, but it's also important to recognize that sometimes, we need to be our own source of that reassurance. So instead of waiting for others to validate you, start by affirming yourself. Remind yourself that you're doing better than you think, and that you're worthy of love just as you are.

항상 인정받길 바란다면.

스스로가 항상 인정을 필요로 한다고 느끼나요? 만약 그렇다면, 아마도 내면 깊숙이 당신이 스스로에게 전하는 메시지는 당신이 필요로 하는 것의 반대일지도 모릅니다. 아마도 당신은 자신이 충분하지 않다고 반복해서 말하고 있을지도 몰라요.
우리는 모두 사랑과 인정을 필요로 하지만, 때로는 스스로에게 그 확신을 줄 필요가 있다는 것을 인식하는 것도 중요합니다. 그러니 다른 사람들이 당신을 인정해 주기를 기다리기보다는, 스스로를 먼저 확신시켜 보세요. 당신이 생각하는 것보다 훨씬 잘하고 있고, 그냥 있는 그대로 사랑받을 가치가 충분하다는 것을 스스로에게 상기시켜 주세요.

· **constantly** 계속해서 · **validation** 인정, 확인 · **reassurance** 안심, 확신
· **affirm** 확신시키다 · **worthy** 가치 있는

If you constantly seek validation...

• LOVE

DAY
063

Love is an ability.

Being able to comfort someone, to cheer them on, or to truly understand a different perspective—it all takes emotional capacity. If your close friends or family can't always show up in that way for you, it's not because they don't love you or they don't respect you. It's likely because they lack that ability. The truth is, expressing love is an ability.

사랑은 능력이에요.

누군가를 위로할 수 있는 것, 누군가를 응원할 수 있는 것, 다른 의견을 진정으로 이해해 줄 수 있는 것은 감정적인 수용력이 필요한 일입니다. 당신의 가까운 친구나 가족들이 그것을 못해 준다면, 당신을 미워하거나 무시해서가 아닙니다. 그들에게는 그런 능력이 부족하기 때문일 것입니다. 사실은 사랑을 표현하는 것은 능력입니다.

· **comfort** 위로하다, 달래 주다   · **cheer on** 응원하다, 격려하다   · **capacity** 수용력

Love is an ability.

• LOVE

DAY
064

Let's look beyond the surface.

Is love, to you, a feeling or an action? What makes you believe someone loves you? What are the things they do or say that make you feel that way? And how do you express love to the people around you?
We all have different love languages, and that's okay. But if we can learn to understand those differences and look beyond the surface, focusing on each other's hearts, we'll experience a much deeper, more fulfilling love.

겉모습을 초월해서 보아요.

당신에게 사랑은 감정인가요, 아니면 행동인가요? 당신은 상대방의 어떤 모습을 보고 이 사람이 나를 사랑하고 있다고 판단하나요? 당신이 그렇게 느끼도록 하는 상대방의 행동과 말은 무엇인가요? 당신은 주변 사람들에게 어떻게 사랑을 표현하고 있나요?
각자 사랑의 언어가 다를 수 있지만 괜찮습니다. 하지만 그런 차이점을 이해하고 상대방의 겉모습이 아닌, 내면에 집중할 수 있다면 우리는 더욱 더 깊고 풍요로운 사랑을 경험하게 될 거예요.

• **look beyond the surface** 겉모습을 초월해서 보다　• **fulfilling** 만족스러운, 충만한

Let's look beyond the surface.

• LOVE

DAY
065

Love can be difficult.

Love can be easy. Love can be difficult. The truth is, love can be both.
If you think love is just a feeling, then it's a fluid state that comes and goes. Your love may end as soon as the feeling fades. But if you see love as a commitment, you'll put in the work and dedication, even when it's not easy.

사랑은 어려울 수도 있어요.

사랑은 쉬울 수도 있습니다. 사랑은 어려울 수도 있습니다. 사실, 사랑은 그 둘 다일 수 있습니다.
사랑을 단순히 감정이라고 생각한다면, 사랑은 그때그때 변하는 유동적인 상태가 됩니다. 감정이 사라지면 사랑도 끝날 수 있죠. 하지만 사랑을 하나의 약속으로 본다면, 쉽지 않을 때에도 노력과 헌신을 하게 될 것입니다.

- **fluid** 유동적인, 변하기 쉬운 ・ **state** 상태 ・ **come and go** 왕래하다 ・ **commitment** 약속
- **put in the work** 노력하다, 공을 들이다 ・ **dedication** 헌신

Love can be difficult.

• LOVE

DAY
066

Is it fear in disguise?

Losing your sense of self is not love. Obsession is not love. Controlling is definitely not love. These stem from anxiety and fear, not love. We need to stop confusing them with love. It's not healthy for you or the people you care about. Ask yourself, "Is this really love, or is it fear in disguise?"

(사랑인 척하는) 두려움인가?

자신을 잃는 것은 사랑이 아니에요. 집착은 사랑이 아니에요. 통제하려는 것은 분명히 사랑이 아니에요. 이런 것들은 사랑이 아닌 불안과 두려움에서 비롯돼요. 우리는 이것들을 사랑이라고 착각하는 것을 멈춰야 해요. 이것은 당신이나 당신이 아끼는 사람들에게 전혀 건강하지 않아요. 스스로에게 물어보세요. "이게 진짜 사랑일까, 아니면 두려움이 변장한 걸까?"

- **in disguise** 가장한, 변장한   • **obsession** 집착   • **definitely** 확실히, 분명히
- **stem from** ~에서 비롯되다

Is it fear in disguise?

• LOVE

DAY
067

Boundaries are an essential part of love.

Boundaries are an essential part of love. When we set boundaries, we're not pushing people away; we're creating the space for love to thrive.
Set healthy boundaries by acknowledging what you need to stay true to yourself. Honor your feelings and needs, while respecting theirs. That's how deeper, more mature relationships are built.

바운더리는 사랑의 중요한 요소예요.

바운더리는 사랑의 중요한 요소예요. 바운더리를 세운다는 것은 사람들을 밀어내는 것이 아니라, 오히려 사랑이 성장할 공간을 만드는 것이에요.
당신 자신에게 진실할 수 있도록 필요한 것들을 인정하며 건강한 바운더리를 세우세요. 스스로의 감정과 필요를 존중하며, 상대방의 감정과 필요도 함께 존중하세요. 이렇게 할 때 더 깊고 성숙한 관계가 만들어져요.

- **boundary** 경계, 한계, 범위 (Day 24 참고) • **thrive** 번성하다
- **stay true to** ~에 충실하다, ~에 진실하다 • **honor** 존중하다, 소중히 여기다

Boundaries are an essential part of love.

• LOVE

DAY 068

What would love do?

When you're frustrated, stop and ask yourself—what would love do? Not fear. Not anger. But love.
How would love respond? Love would show compassion, not criticism. It would listen instead of jumping to conclusions. Love would remind you that you're okay. Love would say, "You're doing better than you think, and I'm here with you."

사랑이라면 어떻게 할까요?

좌절감을 느낄 때, 잠시 멈추고 스스로에게 물어보세요. 사랑이라면 어떻게 할까? 두려움도 아니고, 분노도 아니고, 사랑이라면.
사랑은 어떻게 반응할까요? 사랑은 비판이 아닌 연민을 보여 줄 거예요. 섣부른 판단을 하기보다는 경청하겠죠. 사랑은 당신에게 괜찮다고 할 거예요. 사랑은 당신에게 이렇게 말할 거예요. "당신은 당신의 생각보다 잘하고 있어요. 그리고 나는 당신 곁에 있어요."

- **compassion** 동정, 연민
- **jump to a conclusion** 섣부른 판단을 하다

What would love do?

• LOVE

DAY
069

If love had a voice, what would it say?

If love had a voice, what would it say to you?
"You are special. You are loved.
You are safe. You are enough.
You are strong. You are brilliant.
You are fun. You are important.
You are irreplaceable."

만약 사랑이 목소리가 있다면, 뭐라고 말할까요?

만약 사랑이 목소리가 있다면, 당신에게 뭐라고 말할까요?
"당신은 특별해요. 당신은 사랑받고 있어요.
당신은 안전해요. 당신은 충분해요..
당신은 강해요. 당신은 빛나요..
당신은 재미있고, 중요한 사람이에요.
당신은 대체될 수 없어요."

• **irreplaceable** 대체할 수 없는

If love had a voice, what would it say?

• LOVE

DAY
070

List all the things you love.

The sound of waves crashing.

The soft breeze sweeping over the ocean.

A deep blue sky dotted with fluffy clouds.

The feeling of your bare feet sinking into soft, warm sand.

Ice-cold water after a long, hot walk.

The laughter of your favorite person in the world.

Now, list all the things that you love.

당신이 사랑하는 것들을 모두 적어 보세요.

파도가 부서지는 소리.
바닷가에 부는 부드러운 바람.
솜털 같은 구름이 떠 있는 맑고 푸른 하늘.
부드럽고 따뜻한 모래 속으로 발이 서서히 파고드는 느낌.
더운 날 긴 산책 후 마시는 얼음처럼 차가운 물.
세상에서 가장 소중한 사람의 웃음소리.
이제, 당신이 사랑하는 것들을 모두 적어 보세요.

• **list** 목록을 만들다, 차례대로 적다, 나열하다　• **crash** 부서지다　• **sweep over** 휙 지나가다
• **dot** 여기저기 흩어 놓다　• **fluffy** 솜털 같은

List all the things you love.

PART 08

CONFIDENCE

Confidence is
all about how you see yourself.

자신감은 자신을 어떻게 보는가에 달려 있어요.

·FROM DAY 71·

• CONFIDENCE

DAY
071

Do you want to feel more confident?

Do you want to feel more confident? Confidence is all about how you see yourself. And how you see yourself is entirely up to you. If you think, "I'm unlovable," you'll feel exactly that way. But if you believe, "I'm loved," you'll feel that love. So how do you choose to see yourself?

더 자신감을 느끼고 싶으신가요?

더 자신감을 느끼고 싶으신가요? 자신감은 자신을 어떻게 보는가에 달려 있어요. 그리고 자신을 어떻게 보는지는 본인의 선택이에요. "나는 사랑받을 수 없어."라고 생각하면, 정확히 그렇게 느낄 거예요. 하지만 "나는 사랑받고 있어."라고 믿으면, 그 사랑을 느낄 거예요. 자신을 어떻게 보기로 선택할 건가요?

• **entirely** 전적으로, 완전히   • **up to ~** ~에게 달려 있다   • **unlovable** 사랑받을 수 없는

Do you want to feel more confident?

• CONFIDENCE

DAY
072

Give yourself a little grace.

It's completely natural to feel low on confidence sometimes. Especially when you're trying something new, it's not unusual at all.
Of course you're going to feel uncertain. It's part of the process. The fact that you feel this way means you're pushing yourself beyond your comfort zone and choosing growth. So instead of being hard on yourself, give yourself a little grace.

스스로에게 조금 더 너그럽게 대해 주세요.

가끔 자신감이 부족하다고 느끼는 건 정말 자연스러운 일이에요. 특히 새로운 것을 시도할 때는 더욱 흔한 일이죠.
물론 불안감을 느낄 수도 있어요. 그것은 과정의 일부입니다. 이렇게 느끼고 있다는 건 당신이 안전한 영역을 벗어나 성장을 선택하고 있다는 증거예요. 그러니 스스로를 몰아세우지 말고, 조금 더 너그럽게 대해 주세요.

- **give oneself a little grace** 조금 너그러워지다, 자신을 이해해 주다
- **be hard on oneself** 스스로를 몰아세우다, 자책하다

Give yourself a little grace.

• CONFIDENCE

DAY 073

Don't lie to yourself.

When your confidence dips, don't start lying to yourself. Don't tell yourself, "I don't want this" just because it's tough. Don't convince yourself you're not capable. Feeling overwhelmed is normal, but a feeling is just a feeling. It comes and goes. It doesn't define reality.

Remember, you've got what it takes.

스스로를 속이지 마세요.

자신감이 떨어질 때, 스스로에게 거짓말하지 마세요. 단지 힘들다는 이유로 "이건 내가 원하지 않는 거야."라고 말하지 마세요. 할 수 있는 능력이 안 된다고 스스로를 설득하지 마세요. 압도되는 감정을 느끼는 건 당연한 일이에요. 하지만 감정은 그저 감정일 뿐이에요. 감정은 오고 가는 것입니다. 그것이 현실을 정의하는 건 아니에요.

잊지 마세요. 당신에게는 충분한 능력이 있어요.

- **dip** (감정, 상태 등이) 하락하다, 떨어지다   • **convince** 설득하다
- **what it takes** (어떤 일을 해내는 데 필요한) 능력, 자질

Don't lie to yourself.

• CONFIDENCE

DAY
074

Are you seeing the value in yourself?

We often overlook our own strengths, thinking that they're nothing special. But the truth is, there's always someone out there who sees your gifts, your personality, and your relationships, and they admire them.

So why aren't you seeing that value in yourself? Stop discounting what makes you unique. When you start to truly appreciate what you bring to the table, everything changes.

당신은 스스로의 가치를 보고 있나요?

우리는 종종 자신의 강점을 대수롭지 않게 여기며 무시하곤 합니다. 하지만 사실 누군가는 당신의 재능, 성격, 그리고 인간 관계를 보고 감탄하고 있어요.

그렇다면, 왜 당신은 스스로의 가치를 보지 못하나요? 당신만의 특별함을 과소평가하지 마세요. 당신이 진정으로 기여할 수 있는 것(당신의 능력이나 장점)을 인정하기 시작하면, 모든 것이 달라질 거예요.

- **overlook** 간과하다, 무시하다   • **discount** (중요성을) 낮게 평가하다, 무시하다
- **appreciate** ~의 진가를 인정하다   • **bring to the table** 기여하다, 제공하다

Are you seeing the value in yourself?

• CONFIDENCE

DAY
075

Honor your longing.

Before you assume that people aren't treating you kindly, and before you start judging yourself for always craving kindness, take a moment to celebrate the kindness that already lives within you. Your longing for kindness is a reflection of the compassion you carry inside. That craving is a sign of your capacity for empathy, and it's worth celebrating. Instead of criticizing it, honor it.

당신의 갈망을 존중하세요.

사람들이 당신에게 친절하지 않다고 생각하기 전에, 그리고 항상 친절을 갈망하는 자신을 판단하기 전에, 당신 안에 이미 존재하는 친절함을 기념할 시간을 가져 보세요.
당신이 친절을 갈망하는 것은 당신이 지닌 깊은 연민의 반영이에요. 그 갈망은 당신이 공감할 수 있는 능력을 지녔다는 신호이며, 이는 충분히 기뻐할 가치가 있어요. 비난하기보다는 그 갈망을 존중하세요.

- honor 존중하다   · assume 추측하다   · crave 갈망하다   · compassion 연민, 동정심
- empathy 공감

Honor your longing.

• CONFIDENCE

DAY
076

Accept compliments.

When someone gives you a compliment, don't shrug it off. Instead, practice saying, 'Thank you.' This isn't arrogance. It's owning your efforts and the value you bring. It's about believing in yourself.

Don't shy away from the good things others see in you. Acknowledging compliments is a way of saying, "I see my worth, too."

칭찬을 받아 주세요.

누군가가 당신에게 칭찬을 할 때, 가볍게 넘기지 마세요. 대신, "고마워요."라고 말하는 연습을 해 보세요. 이것은 교만함이 아니에요. 자신의 노력과 가치를 인정하는 것이죠. 자신을 믿는 것이에요.

다른 사람들이 당신에게서 보는 좋은 면들을 피하지 마세요. 칭찬을 인정하는 것은 "나도 내 가치를 알아."라고 말하는 하나의 방식이에요.

- **compliment** 칭찬   - **shrug off** 대수롭지 않게 넘기다   - **arrogance** 거만함   - **own** 인정하다
- **shy away from** ~을 피하다

Accept compliments.

• CONFIDENCE

DAY
077

Let's give it a try.

Self-gaslighting is sneaky. The thoughts you have feel factual. You're telling yourself, 'You're not good at this, so why even bother?' And just like that, you've quit before you've even started. But you're just not good at it yet. You owe it to yourself to give it a shot because deep down, you want this. Instead of shutting yourself down, tell yourself, 'Let's give it a try.'

한번 해 보자.

자기 가스라이팅은 교묘해요. 내 머릿속에서 떠오르는 생각들이 사실처럼 느껴지죠. '넌 잘 못하니까 애초에 시도하지 마'라고 스스로에게 말하고 있어요. 그러고는 시작도 하기 전에 포기하게 되죠.
하지만 그저 아직 잘하지 못하는 것뿐이에요. 스스로에게 기회를 줄 필요가 있어요. 왜냐하면 마음 깊은 곳에서 원하고 있으니까요. 멈추기보다는 스스로에게 이렇게 말하세요. '한번 해 보자.'

- sneaky 교묘한 · factual 사실의 · owe it to oneself 스스로에게 ~할 필요가 있다
- give it a shot 시도하다

Let's give it a try.

• CONFIDENCE

DAY
078

Now, you're knee-deep in real work.

When you hit a wall, it doesn't mean you're incompetent. It just means you're out of the honeymoon phase. Now, you're knee-deep in real work.
It's the part that actually makes you better. Isn't that something to be proud of? You're not stuck—you're building something.

이제 본격적으로 진짜 일을 해내고 있는 거예요.

벽에 부딪혔다고 해서 당신이 무능하다는 뜻은 아니에요. 그저 허니문(순탄한 시기)이 끝났다는 뜻일 뿐이에요. 이제 본격적으로 진짜 일을 해내고 있는 거예요.
이 부분이 바로 당신을 성장하게 만드는 단계이죠. 그게 자랑스러운 일 아닌가요? 당신은 멈춰 있는 게 아니라, 무언가를 만들어 가고 있는 중이에요.

・knee-deep in (어떤 일에) 깊이 빠져 있는, 한창 ~을 하고 있는 ・incompetent 무능한

Now, you're knee-deep in real work.

• CONFIDENCE

DAY
079

Don't try to be somebody else.

You don't need to be anyone but yourself. You are the most unique thing in this universe. Celebrate what makes you different. No one can be you, and no one can do it like you.
Instead of trying to fit in, stand out by being the best version of yourself. The world needs your unique spark.

다른 사람이 되려고 하지 마세요.

당신은 그 누구도 아닌 그저 당신 자신이면 됩니다. 당신은 이 우주에서 가장 독특한 존재예요. 당신을 특별하게 만드는 점을 기뻐하세요. 그 누구도 당신이 될 수 없고, 당신처럼 할 수 없어요.
남들과 맞추려 하기보다는, 본인의 최고의 모습이 되어 돋보이세요. 세상은 당신만의 특별한 빛을 필요로 해요.

· **fit in** 특정 그룹이나 환경에 잘 맞추다   · **stand out** 눈에 띄다, 두드러지다   · **spark** 불꽃, 광채

Don't try to be somebody else.

• CONFIDENCE

DAY 080

Is this true to who I am?

What are your core values? Knowing what matters to you gives you a sense of direction. When your choices reflect those values, you reinforce your sense of self. That's how you build self-respect and inner confidence.

Every time you act in a way that honors your core beliefs, you're strengthening your integrity. So before you act, pause and ask yourself, "Is this true to who I am?"

이것이 진정한 나를 반영하는 선택인가?

당신의 핵심 가치는 무엇인가요? 스스로에게 중요한 것이 무엇인지 아는 것은 방향을 제시해 줘요. 당신의 선택이 그 가치를 반영할 때, 스스로에 대한 믿음이 강화돼요. 이것이 바로 자기 존중과 내면의 자신감을 쌓는 방법이에요.

매번 당신의 핵심 가치를 존중하는 방식으로 행동할 때, 당신의 진정성을 더욱 강하게 만듭니다. 그러니 행동하기 전에 잠시 멈추고 스스로에게 물어보세요. "이것이 진정한 나를 반영하는 선택인가?"

· **core** 핵심이 되는　· **reinforce** 강화하다　· **strengthen** 강화하다　· **integrity** 진실성

Is this true to who I am?

PART 09

PEACE

The truth is,
peace is an inner game.

사실 평안은 내면에서부터 오는 것이에요.

·FROM DAY 81·

• PEACE

DAY
081

Peace is an inner game.

If we're looking for peace in things outside of us—other people, situations, or outcomes—we end up giving away our power. We lose the ability to create peace for ourselves because we're waiting on something external to make us feel okay.
The truth is, peace is an inner game. We have to remind ourselves that it starts within, no matter what's happening around us.

평안은 내면에서부터 오는 것이에요.

우리가 평안을 외부의 것(다른 사람, 상황, 결과)에서 찾으려 한다면, 결국 우리의 힘을 잃게 돼요. 외부의 무언가가 우리를 괜찮게 해 주길 기다리기 때문에 스스로 평안을 만들어 낼 능력을 잃게 되는 거죠.
사실 평안은 내면에서부터 오는 것이에요. 주변에서 무슨 일이 일어나든 평안은 내 안에서 시작된다는 것을 우리는 항상 기억해야 해요.

- **inner game** 내면에서 이루어지는 과정, 내면의 노력   • **outcome** 결과
- **give away** 내어 주다, 잃다   • **external** 외부의

Peace is an inner game.

• PEACE

DAY
082

This is what amplifies stress.

Stress is always going to be part of life. But what amplifies it is when we stop taking care of ourselves. If you're only sleeping four hours a night, stress is inevitable. If you're not moving your body, of course you'll feel it building up.
The real shift happens when you start showing up for yourself—when you don't compromise your well-being so you can thrive in your daily life.

스트레스를 악화시키는 것은 이것이에요.

스트레스는 삶의 일부일 수밖에 없어요. 하지만 그것을 악화시키는 것은 우리가 스스로를 돌보지 않을 때예요. 만약 밤에 4시간밖에 자지 않는다면, 당연히 스트레스를 받을 수밖에 없죠. 몸을 움직이지 않는다면, 스트레스는 쌓일 수밖에 없어요.
진정한 변화는 나를 위해 나서기 시작할 때 일어납니다. 내 건강을 타협하지 않고 일상 속에서 더 잘 살아갈 수 있도록 말이죠.

- **amplify** 악화시키다, 증폭시키다   • **inevitable** 피할 수 없는   • **build up** 쌓이다, 누적되다
- **shift** 변화   • **compromise** 타협하다   • **well-being** 건강   • **thrive** 번성하다

This is what amplifies stress.

• PEACE

DAY
083

Create ease within yourself.

Clinging to just one perspective in a situation can work against us. Maybe you're thinking, "They didn't reach out because they hate me."
But what if they were just busy? Or caught up in their own challenges? Maybe they were even worried that you didn't like them.
Opening ourselves up to different perspectives creates room for compassion. And most importantly, it allows us to find a little more ease within ourselves.

내면의 편안함을 만들어 주세요.

어떤 상황에 대해서 한 가지 관점을 가지고 있는 것은 우리에게 불리하게 작용할 수 있어요. "저 사람이 연락하지 않은 건 나를 싫어해서 그런 것일 거야."라고 생각할 수도 있어요. 하지만 그 사람은 그냥 바빴을 수도 있고, 자신만의 어려움을 겪고 있었을 수도 있어요. 어쩌면 그 사람은 당신이 자신을 싫어하진 않을까 걱정했을지도 몰라요.
다양한 관점을 받아들이는 것은 우리에게 더 이해하는 마음을 가져다줘요. 그리고 무엇보다도 내면의 평온을 좀 더 찾을 수 있게 해 줘요.

• **ease** 편안함 • **cling to** 집착하다, 고수하다, 매달리다 • **reach out** 연락하다
• **open up to** 마음을 열다, 받아들이다 • **compassion** 동정심, 연민

Create ease within yourself.

• PEACE

DAY
084

Why do I have to do the work?

Some may ask, "Why do I have to do the work?" "Why can't they change?"
The answer is simple: it's for your own sake.
You're not doing the work for them, but for yourself—so you can have the peace you deserve. You're choosing not to place your well-being in someone else's hands.

왜 내가 노력을 해야 해?

어떤 사람들은 이렇게 물을지도 몰라요. "왜 내가 노력을 해야 해?", "왜 그들이 변하지 않는 거야?"
답은 간단해요. 이건 당신을 위한 일이니까요.
당신은 그들을 위해 노력하는 게 아니라 당신 자신을 위해, 당신이 원하는 평화를 얻기 위해 하는 것이죠. 당신은 그저 자신의 행복을 다른 사람에게 맡기지 않기로 선택한 것뿐이에요.

- **do the work** 개인적인 성장이나 목표를 위해 필요한 노력을 기울이다
- **for one's own sake** ~를 위해, ~의 이익을 위해

Why do I have to do the work?

• PEACE

DAY
085

Allow life to move at its own pace.

Not everything is within our power. And there's a relief in accepting that. Life will unfold in ways we can't predict, and that's okay. Letting go of control doesn't mean we've given up; it means we're allowing life to move at its own pace.
Focus on what's within your control; your mindset, your actions, your feelings, and how you choose to move forward.

삶이 스스로의 속도대로 흘러가도록 허락하세요.

모든 것이 우리의 힘 안에 있지 않아요. 그리고 그것을 받아들이는 데서 오는 안도감이 있어요. 삶은 우리가 예측할 수 없는 방식으로 흘러갈 것이며, 그것은 괜찮아요. 통제를 내려놓는 것이 포기했다는 의미는 아니에요. 그것은 삶이 자신의 속도로 흘러가도록 허락하는 것이에요.
당신이 통제할 수 있는 것에 집중하세요. 당신의 마음가짐, 행동, 감정, 그리고 앞으로 나아가는 방식 말이죠.

- **at one's own pace** 자신에게 맞는 속도로   • **relief** 안도, 위안   • **unfold** 전개되다
- **let go of** ~을 놓아주다

Allow life to move at its own pace.

• PEACE

DAY
086

Trust the journey.

We often tie our peace to a specific outcome; landing the job, winning someone's approval, or achieving a goal.
But true peace comes when you detach from the outcome and focus on doing your best.
When you let go of the "what ifs" and trust the process, you'll find peace in the journey, not just the destination.

과정을 믿으세요.

우리는 종종 마음의 평안을 특정 결과에 속박하곤 해요. 취업에 성공하거나, 누군가의 인정을 받거나, 목표를 이루는 것 말이죠.
하지만 진정한 평안은 그 결과에서 벗어나, 최선을 다하는 데 집중할 때 찾아와요.
'만약에'라는 생각을 내려놓고 과정을 믿는다면, 목표가 아닌 그 여정 속에서 평안을 발견하게 될 거예요.

• **land** (특히 원하는 것을) 얻다, 차지하다   • **detach** (감정적으로) 분리하다, 거리를 두다

Trust the journey.

• PEACE

DAY
087

It's here, in the stillness.

Peace isn't something we chase. It's not out there, waiting for us at the finish line. It's here, in the stillness.
When life feels overwhelming, pause. Breathe in the moment as it is, without judgment or expectation. Let the noise of the world fade, and allow yourself to simply be. In those quiet moments, you'll feel the gentle peace.

이곳, 고요함 속에 있어요.

평온함은 우리가 좇아야 하는 것이 아니에요. 어디선가 목표 지점에서 우리를 기다리고 있는 것도 아니에요. 평온함은 이곳, 고요함 속에 있어요.
삶이 벅차게 느껴질 때, 잠시 멈춰 보세요. 판단이나 기대 없이 그 순간을 있는 그대로 받아들이며 숨을 들이쉬세요. 세상의 소음을 뒤로하고, 그저 존재하는 자신을 허락하세요. 그 고요한 순간 속에서 부드러운 안정감을 느낄 수 있을 거예요.

• **stillness** 고요함   • **finish line** 결승선, 목표 지점   • **fade** 사라지다, 희미해지다, 점점 없어지다

It's here, in the stillness.

• PEACE

DAY
088

Take time to unplug.

We're constantly connected with everything—phones, emails, social media. We live in a busy world, but it's essential to disconnect, even for a little while.

Take time to unplug. Whether it's turning off your phone for an hour or spending a day without checking emails, give yourself the space to rest. In that quiet, you'll feel calm and recharged.

디지털 기기에서 벗어나는 시간을 가지세요.

우리는 항상 모든 것과 연결되어 있어요. 휴대폰, 이메일, SNS까지. 바쁜 세상 속에서 살고 있지만, 잠시라도 연결을 끊는 것이 중요해요.

디지털 기기에서 벗어나는 시간을 가지세요. 휴대폰을 한 시간 동안 꺼 두거나 하루 동안 이메일을 확인하지 않는 것만으로도, 스스로 쉴 수 있는 공간을 줄 수 있어요. 그 고요한 시간 속에서 마음이 차분해지고 다시 에너지를 얻을 수 있을 거예요.

- **unplug** (기기 등을) 전원에서 빼다, 디지털 기기 사용을 중단하다   • **constantly** 항상
- **recharged** 재충전된, 다시 활력을 얻은

Take time to unplug.

• PEACE

DAY
089

Begin the day with something soothing.

How you start your morning sets the tone for the rest of your day. Rather than diving straight into your phone or tasks, try beginning the day with something soothing.
It can be meditation, gentle stretching, or enjoying your morning coffee. Creating a calm morning routine can help you carry peace with you throughout the day.

하루를 마음을 편안하게 해 주는 것부터 시작해 보세요.

아침을 어떻게 시작하느냐에 따라 하루의 분위기가 정해져요. 휴대폰이나 할 일 목록에 바로 뛰어들기보다는, 하루를 마음을 편안하게 해 주는 것부터 시작해 보세요.
명상, 가벼운 스트레칭, 혹은 여유 있게 아침 커피를 즐기는 것도 좋아요. 차분한 아침 루틴을 만들면, 하루 종일 그 평온함을 가지고 갈 수 있어요.

• **soothing** 진정시키는, 편안하게 하는 • **set the tone** 분위기를 정하다 • **meditation** 명상

Begin the day with something soothing.

• PEACE

DAY
090

What brings you peace?

The soft sound of raindrops falling on a quiet afternoon.
The crackling of wood in a cozy fireplace.
The scent of your favorite bookstore as you walk through the aisles.
The crisp, fresh smell of air in a forest.
A warm cup of cocoa, topped with tiny marshmallows, melting slowly.
The satisfying sensation as the tip of your pen glides across the paper.
Now, list all the things that bring you peace.

무엇이 당신에게 평온함을 가져다주나요?

고요한 오후에 떨어지는 빗방울의 부드러운 소리.
아늑한 벽난로에서 나무가 타며 나는 바스락거리는 소리.
당신이 가장 좋아하는 서점의 통로를 거닐 때 느껴지는 향기.
숲속의 맑고 상쾌한 공기 냄새.
작은 마시멜로가 천천히 녹아가는 따뜻한 코코아 한 잔.
종이 위를 부드럽게 미끄러지는 펜 끝의 만족스러운 감촉.
이제, 당신에게 평온함을 가져다주는 모든 것들을 적어 보세요.

- **crackling** 탁탁 소리를 내는   · **cozy** 아늑한   · **scent** 향기   · **crisp** 상쾌한
- **topped with** ~을 곁들인   · **glide across** 미끄러지듯이 지나가다

What brings you peace?

PART 10

HAPPINESS

There are so many ways
to bring a little joy into your day.

하루에 작은 기쁨을 가져다줄 방법이 아주 많이 있어요.

·FROM DAY 94·

• HAPPINESS

DAY
091

Do you want to be happier?

Do you want to be happier? Then ask yourself: am I making it easy for myself to be happy, or am I making it harder than it needs to be? Do I feel like I need a ton of things to be happy, or can I find contentment in the small blessings I have right now? Happiness isn't about waiting for everything to fall into place. It's about celebrating what you already have and living fully, because the journey itself is joyous.

더 행복해지고 싶나요?

더 행복해지고 싶나요? 그렇다면 스스로에게 물어보세요. 내가 행복해지기 쉽게 만들고 있는 걸까, 아니면 필요 이상으로 더 어렵게 만들고 있는 걸까? 행복해지기 위해 많은 것들이 필요하다고 느끼고 있는 걸까, 아니면 지금 내 삶에 있는 작은 축복들 속에서 만족을 찾을 수 있을까?
행복은 모든 것이 완벽해질 때까지 기다리는 게 아니에요. 이미 가진 것들을 축하하고, 삶을 온전히 살아가는 것이에요. 왜냐하면 그 과정 자체가 즐거운 여정이니까요.

• **contentment** 만족　• **fall into place** 제자리에 들어가다, 딱 들어맞다　• **joyous** 즐거운

Do you want to be happier?

• HAPPINESS

DAY
092

Are you chasing happiness?

Are you chasing happiness, or are you actually living it? Whenever we're caught up in the chase for happiness, sadness creeps in. The whole process can feel so exhausting.
But when we allow ourselves to truly live in happiness, everything shifts. We become more driven, more empowered. So how would you feel if you stopped chasing and started truly living?

행복을 좇고 있나요?

당신은 행복을 좇고 있나요, 아니면 실제로 행복하게 살고 있나요? 우리가 행복을 좇는 데 몰두할 때, 슬픔이 서서히 스며들곤 합니다. 그 과정 전체가 매우 지치게 느껴질 수 있어요. 하지만 우리가 진정으로 행복하게 살도록 스스로를 허락할 때, 모든 것이 바뀌어요. 우리는 더 의욕적이고, 더 힘을 갖게 됩니다. 그러니 행복을 좇는 것을 멈추고, 진정으로 살아간다면 어떤 기분일까요?

· be caught up in ~에 휘말려 들다   · creep in 서서히 스며들다, 몰래 다가오다
· driven 의욕이 넘치는, 열정적인, 추진력이 있는   · empowered 권한을 부여받은

Are you chasing happiness?

• HAPPINESS

DAY
093

Find the red.

Imagine you're given a mission to find the color red. Suddenly, you'd notice red everywhere.
Happiness works the same way. When you actively search for those small moments of joy, they start to appear more often, like a warm cup of tea or a kind smile. And then you realize, happiness has been there with you all along, waiting to be found.

빨간색을 찾으세요.

빨간색을 찾아야 하는 임무를 맡았다고 상상해 보세요. 그러면 갑자기 빨간색이 여기저기서 보이기 시작할 거예요.
행복도 마찬가지예요. 작은 기쁨의 순간들을 적극적으로 찾기 시작하면, 따뜻한 차 한 잔이나 친절한 미소처럼 자주 눈에 띄기 시작합니다. 그리고 결국 깨닫게 되죠, 행복은 항상 그 자리에 있었고, 당신이 찾아 주기를 기다리고 있었다는 것을.

• **notice** 알아차리다, 인지하다   • **all along** 줄곧, 내내, 처음부터

Find the red.

• HAPPINESS

DAY
094

Sing yourself a song.

Sing yourself a song.
Write yourself a poem.
Give yourself a compliment.
Pat yourself on the back.
There are countless ways to make yourself feel better. There are so many ways to bring a little joy into your day.

자신에게 노래를 불러 주세요.

자신에게 노래를 불러 주세요.
자신에게 시를 써 주세요.
스스로에게 칭찬을 해 주세요.
스스로를 격려해 보세요.
스스로를 기분 좋게 만드는 방법은 셀 수 없이 많아요. 하루에 작은 기쁨을 가져다줄 방법이 아주 많이 있어요.

· **compliment** 칭찬   · **pat oneself on the back** 스스로를 칭찬하다, 격려하다

Sing yourself a song.

• HAPPINESS

DAY
095

What are your needs?

Everyone has needs. Some people crave deep conversations with others, while others feel fulfilled by doing something creative. The thing is, when we neglect those needs—when we let them go unfulfilled—it's like starving ourselves. Just as our bodies suffer without nourishment, our hearts and minds suffer when our emotional needs aren't met. We might look fine on the outside, but inside, we're struggling. So what are your needs? What do you truly need to feel whole and alive?

당신의 니즈는 무엇인가요?

모든 사람은 니즈를 가지고 있어요. 어떤 사람들은 깊은 대화를 원하고, 또 어떤 사람들은 창의적인 일을 하며 만족감을 느끼죠. 중요한 것은 우리가 그 니즈를 무시하거나 충족시키지 않으면, 마치 스스로를 굶기는 것과 같다는 거예요. 몸이 영양분 없이 고통을 겪듯이, 마음과 정신도 감정적인 필요가 채워지지 않으면 고통을 겪습니다. 겉으로는 괜찮아 보일지 몰라도, 속으로는 힘들어하고 있어요. 그렇다면 당신의 니즈는 무엇인가요? 당신이 온전하고 생기를 느끼기 위해 정말 필요한 것은 무엇인가요?

- **crave** 간절히 원하다   • **fulfilled** 성취감을 느끼는   • **unfulfilled** 충족되지 않은
- **nourishment** 영양, 양분

What are your needs?

• HAPPINESS

DAY
096

The company you keep is a reflection of your energy.

The company you keep is a reflection of your energy. Do your relationships lift you up, or do they leave you feeling depleted? Seek out relationships that inspire you. Surround yourself with those who bring positivity into your world. Uplifting people are like sunshine—they help you bloom. Choose connections that fill you with joy and push you toward your best self.

함께하는 사람들은 당신의 에너지를 비추는 거울이에요.

함께하는 사람들은 당신의 에너지를 비추는 거울이에요. 당신의 관계는 당신을 북돋아 주나요, 아니면 지치게 하나요?
당신에게 영감을 주는 관계를 찾아보세요. 당신의 삶에 긍정적인 에너지를 가져다주는 사람들이 주변에 있게 만드세요. 격려해 주는 사람들은 마치 햇살과 같아서 당신이 빛날 수 있게 도와줘요. 당신에게 기쁨을 주고, 더 나은 자신으로 나아가게 하는 관계를 선택하세요.

- **company** 주변 사람들 · **depleted** 고갈된, 소진된, 지친 · **surround** 둘러싸다
- **uplifting** 기운을 북돋아 주는, 격려가 되는, 마음을 밝게 해 주는

The company you keep is a reflection of your energy.

• HAPPINESS

DAY
097

Find joy in giving.

One of the simplest ways to feel happier is giving. And it doesn't have to be grand. It can be just a smile, a helping hand, or a kind word.
Acts of kindness lift the spirits of others and yours, too. The beauty of giving is that it connects you to something bigger than yourself. The more you give, the more joy you receive in return.

베풂에서 기쁨을 찾으세요.

더 행복해지는 가장 간단한 방법 중 하나는 베푸는 것이에요. 그리고 그것은 꼭 거창할 필요는 없어요. 그냥 미소 하나, 도움의 손길, 혹은 따뜻한 한마디의 말이면 충분해요. 친절한 행동은 다른 사람뿐만 아니라 당신의 마음도 밝게 해 줘요. 베풂의 아름다움은 자신을 넘어 더 큰 무언가와 연결된다는 것이에요. 더 많이 나눌수록 더 큰 기쁨이 돌아올 거예요.

• **grand** 위대한   • **a helping hand** 도움의 손길   • **in return** 대가로

Find joy in giving.

• HAPPINESS

DAY
098

That part of us still exists.

As children, we found joy in the simplest things. That part of us still exists. We can reconnect with it by doing something fun, creative, or adventurous.
Embracing your inner child invites more happiness into your life. It doesn't mean being childish; it's about welcoming that childlike wonder. When you do, life feels lighter, and happiness flows more easily.

우리의 그 부분은 여전히 남아 있어요.

어린 시절, 우리는 가장 단순한 것에서 기쁨을 찾았어요. 우리의 그 부분은 여전히 남아 있어요. 재미있고 창의적이거나 모험적인 무언가를 하며 그 기쁨과 다시 연결될 수 있어요. 내면의 어린아이를 받아들이면 더 많은 행복이 삶에 찾아와요. 이것은 유치해지라는 뜻이 아니라, 어린 시절의 순수한 호기심을 다시 맞이하는 거예요. 그렇게 하면 삶이 한결 가벼워지고, 행복이 더 쉽게 흘러들어올 거예요.

• **adventurous** 모험적인 • **embrace** 받아들이다 • **childish** 유치한, 철없는 (부정적인 의미로 사용됨) • **childlike** 아이 같은, 순수한 (긍정적인 의미로 사용됨)

That part of us still exists.

• HAPPINESS

DAY
099

Fill up your happy jar.

Do you have a happy jar? It's a special place where you collect all the little things that bring you joy. It can be a photo album on your phone, or it can be a box full of letters and small mementos. There's no right or wrong way to create it. What matters is that it makes you smile. Let it be a daily reminder of all the lovely moments in your life.

행복 항아리를 채우세요.

당신은 행복 항아리를 가지고 있나요? 작은 기쁨을 담아 두는 특별한 공간이에요. 핸드폰에 저장된 사진 앨범일 수도 있고, 편지나 소중한 추억을 담은 작은 기념품들로 가득한 상자일 수도 있어요. 어떻게 만들든 상관없어요. 중요한 건 그것이 당신을 미소 짓게 한다는 거예요. 매일 당신 삶의 아름다운 순간들을 상기시켜 줄 행복 항아리를 만들어 보세요.

• **jar** 항아리   • **memento** 기념품, 추억의 물건

Fill up your happy jar.

• HAPPINESS

DAY 100

Do you have daily habits that light you up?

Maybe it's turning up your favorite music on the drive to work, sharing a hug, or taking a few minutes for a refreshing walk. Even giving yourself a simple compliment can shift your energy. These little moments matter. When stress hits, remember to show yourself some kindness. These small habits aren't just nice— they're essential. They set you up to create more happiness and fulfillment in your life.

당신을 활기차게 만드는 일상 습관이 있나요?

출근길에 좋아하는 음악을 크게 틀어 듣거나, 포옹을 나누는 것, 혹은 상쾌한 산책을 잠시 즐기는 것일 수도 있어요. 자신에게 간단한 칭찬 한마디를 건네는 것도 에너지를 전환할 수 있죠.

이런 작은 순간들이 정말 중요해요. 스트레스를 느낄 때, 스스로에게 친절을 베푸는 걸 잊지 마세요. 이 작은 습관들은 그저 기분 좋게 만드는 것이 아니라 필수적인 것입니다. 당신의 인생에서 더 많은 행복과 만족을 창조해 나가는 데 기반이 됩니다.

- **light up** 활기차게 하다   • **turn up** (소리나 온도 등을) 올리다, 크게 하다   • **refreshing** 상쾌한
- **set up** 기반을 제공하다

Do you have daily habits that light you up?